다락방 미술관

그림 속 숨어있는 이야기
다락방 미술관

지은이 | 문하연
발행처 | 도서출판 평단
발행인 | 최석두

등록번호 | 제2015-000132호
등록연월일 | 1988년 7월 6일

초판 1쇄 인쇄 | 2019년 8월 10일
초판 1쇄 발행 | 2019년 8월 20일

우편번호 | 10594
주소 | 경기도 고양시 덕양구 통일로 140(동산동 376)
　　　삼송테크노밸리 A동 351호
전화번호 | (02)325-8144(代)
팩스번호 | (02)325-8143
이메일 | pyongdan@daum.net

ISBN | 978-89-7343-519-7　03180

* 잘못된 책은 구입하신 곳에서 바꾸어 드립니다.
* 책값은 뒤표지에 있습니다.

이 도서의 국립중앙도서관 출판시 도서목록(CIP)은 서지정보유통지원시스템 홈페이지
(http://seoji.nl.go.kr)와 국가자료 공동목록시스템(http://www.nl.go.kr/kolisnet)에
서 이용하실 수 있습니다. (CIP제어번호 : CIP2019027000)

그림 속 숨어있는 이야기 … 문하연 지음

다락방 미술관

평단

프롤로그

그림을 좋아했다. 그리는 것 말고 보는 것을. 어쩌면 처음엔 그냥 미술관을 좋아했는지도 모른다. 그림 사이를 걷다 보면 미술관 특유의 냄새와 조명이 어우러져 마치 앨리스가 이상한 나라로 빠져들 듯이 몽롱하게 나도 그 속으로 빠져들었다. 그림은 나를 르네상스 시대로, 바로크 시대로, 로코코 시대로 데려갔다.

두어 시간 그곳에 있다가 빠져나오면 꿈에서 깬 듯한 마음이 들었다. 한 번 스친 그림은 내 생애 다시 마주하기 어렵다는 걸 알기에 내 마음은 별을 쫓는 아이의 그것이 되었다. 쫓는 순간에는 행복하지만 결국 손에 잡을 수 없기에 집으로 돌아오는 길은 늘 텅 빈 마음이 되고야 마는. 그 허전한 마음을 달래려 전시마다 관련한 책을 읽었다. 고흐 전에는 고흐를, 피카소 전에는 피카소를, 그리고 프리다 칼로 전에는 프리다 칼로를.

책에서도 갈증을 느낀 나는 미술사 강의를 찾아다니기 시작했다. 예술의전당 인문 아카데미에서 문학과 미술, 예술과 역사와 같은 강의를 듣고 공부했다. 학교 다닐 때는 공부가 그렇게 재미없고 싫더니 미술은 끝도 없이 재미있고 신기했다. 천재들의 영역을 탐험하고 산책하는 것은 내 시야를 넓혀주었고 감성적으로도 더 풍요로워지게 했다. 두 시간 수업을 위해 세 시간을 길 위에 뿌려야 했지만 오가는 길이 행복했다. 그렇게 본격적으로 공부한 지 근 십 년이 흘렀다. 그림이 내 전공은 아니지만, 미술사의 흐름을 알기 시작할 무렵 욕망 하나가 내 마음속에 꿈틀거렸다.

이렇게 재미있고 감동적인 그림 이야기를 써보고 싶었다. 큐비즘, 야수파, 인상주의, 리얼리즘과 같은 아리송한 단어 없이도 재미있고 충분히 이해가 되는 그림 이야기, 사람 냄새가 나는 그런 그림 이야기를 말이다. 그림은 소수 지식인이나, 어느 정도 경제력이 있어야 즐길 수 있는 것이 아니란 걸 말하고 싶었다. 그림을 통해 그 화가의 인생을 따라가다 보면 희로애락, 생로병사, 사랑과 인생에 대한 통찰과 같은 모든 것이 들어있다.

그렇게 나는 그림 이야기 한 편을 신문사에 보냈고 신문사로부터 연재해달라는 부탁을 받았다. 글이 지면에 실릴 때마다 독자들로부터 많은 응원을 받았다. 어느 미술 선생님은 "이렇게 아이들에게 미술을 가르치면 애들이 미술에 흥미를 느낄 거 같다"라며 내 글을 수업 자료로 썼다고 감사의 메일을 보내왔고, 양성평등 교육위원회에서도 교육자료로 글을 의뢰하기도 했다. 책임감을 느꼈고 더 좋은 자료를 모으고 분석했고, 그것들이 내 몸을 통과해 다시 나올 때 하나라도 색다른 시각을 보여주려고 노력했다.

그렇게 1년 3개월을 연재한 글들이 모여 출판에 이르게 되었다. 애초에 출판을 목표로 하지 않았기에 반가움은 두 배가 되었다. 많은 시간을 울고 웃으며 대체로 우느라 밤을 새우는 날이 많았지만 내 눈물이 책으로 엮인 것 같아 나로서는 너무 소중하고 가슴 벅차다.

한 예술가의 삶에 들어가 그를 만나고 그의 가슴 아픈 사연을 듣고 같이 그 슬픔에 빠지다 보면 어떤 날은 글을 쓰기가 힘들었고, 간신히 글을 마치고도 빠져나오기가 힘들었다. 그 우울감에 어떤 날은 며칠이고 앓았다. 배우가 한 작품을 끝내면 그 역할에서 빠져나오기 위해 여행을 떠난다는 말은 그저 사치인 줄 알았는데 현실이었다. 목구멍이 포도청인 나는 매일, 매주 다른 글을 써야 했으므로 영화를 보거나 강아지를 데리고 밤낮없이 산책하는 것으로 바닥에 있는 내 마음을 끌어 올려야 했다.

글을 쓰면서 한편으로는 예술가의 일생이 이렇게 낱낱이 파헤쳐져도 되는지에 대해 불편함을 느끼기도 했다. 누구나 비밀이 있듯이 숨기고 싶은 부분이 있을진대 내밀한 사생활까지도 속속들이 밝혀지고 또 나는 그것을 들여다보고 그것을 써야 하니 말이다. 지켜져야 할 사생활과 알고 싶은 호기심 사이에서 써야 할지 말아야 할지 갈팡질팡한 날들도 있었다. 감춰야 하는 비밀이 있는 건 아니지만 유명한 예술가가 안 된 게 천만다행이란 엉뚱한 생각도 해보았다.

한 사람을 깊숙이 들여다보는 일은 결국 나 자신을 성찰하게 했다. 아르테미시아 젠틸레스키나 프리다 칼로의 글을 쓰면서 가슴속에서 뭔가 뜨거운 것이 목구멍까지 차올랐다. 고통을 승화한다는 것은 이런 것. 인간이, 또 삶이 진정 위대해지는 지점, 그 순간을 목도하는 일은 실로 가슴 벅찬 일이 되었다. 눈물이 쑥 빠졌고 감히 엄살이 쏙 들어갔다. 글을 쓸수록 단단한 사람이 되고 싶어졌고 당당한 삶을 살고 싶어졌다. '좋은 게 좋은 거지'라는 신념 아닌 신념으로 둥글게 둥글게 타협하고 살아왔는데 부끄러운 생각이 들었다. "우리가 돈이 없지, 가오가 없냐?"라는 어느 조폭 영화의 명대사처럼 내 존엄을 훼손하는 어떤 타협도 하고 싶지 않아졌다.

이런 내면의 변화는 가족들 간의 어리둥절한 상황을 몰고 오기도 했다. 장성한 두 아들의 엄마이자 한 남자의 아내로 온순하게 살아온 사람이 느닷없이 자기만의 공간을 만들고 아무도 들어오지 못하게 벽을 치는 것만으로도 당황스러워했다. 가족들은 어리둥절할 뿐이지만 나는 숨이 쉬어졌다.

내 집에 내 공간 하나를 만드는 일도 20년이 넘게 걸렸다니. 누군가 글을 쓰는 여자는 위험하다고 했다. 위험한지는 모르겠지만 글을 쓰면서 단단해진 건 사실이다. 끊임없이 자신을 돌아보고 응시하다 보면 거추장스러운 가면들이 모두 떨어져 나가고 단순해진다. 이 단순함이 단단함을 몰고 오는 것 같다.

미술 관련 전공자가 아니기에 더욱 신중했다. 뭣도 모르면서 멋대로 썼다는 얘기는 듣고 싶지 않아 반복해서 확인하고 고민했다. 무엇보다도 나는 이 책이 재미있게 읽히고 독자들이 그림에 호기심을 갖는 계기가 되었으면 좋겠다. 아는 게 많으면 즐길 수 있는 것도 많아지는 법이니까. 즐기는 시간이 길어야 인생이 풍요로워지니까. 그 풍요에 한순간이나마 기여하고 싶다.

2019년 7월
문하연

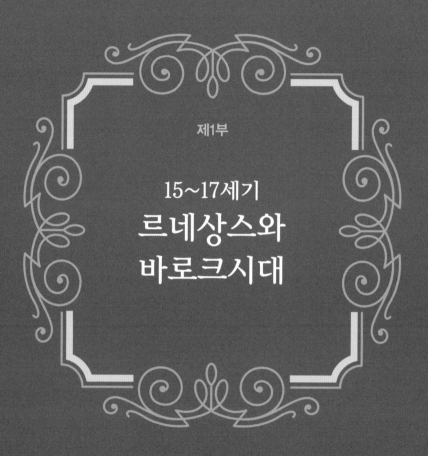

제1부

15~17세기
르네상스와
바로크시대

제1장
아르테미시아 젠틸레스키

Artemisia Gentileschi, 1593~1656

카이사르의 용기를 가진
한 여자의 영혼

Artemisia Gentileschi

여자의 누드를 그릴 기회

벌거벗은 한 여인이 고개를 돌리고 남자들을 완강히 거부하고 있다. 검은 머리 남자는 빨간 망토의 남자에게 귓속말을 속삭이고 빨간 망토의 남자는 여인에게 뭔가 말을 전하고 있다. 여인은 진저리를 친다. 아르테미시아 젠틸레스키가 그린 〈수산나와 두 노인Susanna e i vecchioni〉 이야기이다. 성서에 나오는 이야기를 담은 그림이다.

수산나와 요아킴은 유대인 부부이다. 남편 요아킴이 유명인사라 집에 많은 사람들이 방문했는데, 거기에는 유대인 재판관 두 명도 있었다. 두 재판관은 호시탐탐 아름다운 수산나를 탐하려고 엿보았다. 그러던 어느 날, 손님들 모두 돌아가고 수산나가 정원에서 목욕하는데 두 노인이 그 장면을 본다. 두 노인은 수산나에게 다가가 성관계를 요구하며 만

젠틸레스키, 〈수산나와 두 노인〉 1610년경, 캔버스에 유채
ⓒ 독일 폼메르스펠덴, 바이센스타인 성

일 거절할 경우 '젊은 남자와 간통했다'고 고발하겠다고 협박했다. 수산나는 거짓이 두려워 겁탈을 당하느니 죽음을 택하겠다며 거절했고, 결국 이들의 모략으로 간통죄로 사형선고를 받는다. 사형장으로 끌려가던 중 수산나는 하느님께 기도했다. 그러자 성령이 어린 다니엘의 몸에 내려와 다니엘이 진실을 밝히고 수산나의 누명이 벗겨졌다.

이 이야기는 수많은 화가들에 의해 복제되었다. 여자의 누드가 금지된 당시, 성경 이야기를 매개로 여자의 누드를 그릴 수 있는 기회였기 때문이다. 정원 풍경 속 여자의 누드는, 그림을 매입하는 사람도 그리는 사람도 모두 남자인 사회에서 흥미와 가치가 있었다. 그러니 희생자인 수산나의 고통은 고려되지 않은 채 남자 화가들에 의해 두 노인을 유혹하는 여자로, 때로는 두려움에 벌벌 떠는 연약한 모습으로 재현되었다.

그러나 아르테미시아가 그린 수산나는 이 상황이 몹시 불쾌하다. 여자의 누드에만 초점이 맞춰진 다른 그림들과는 달리 이 그림에는 수산나가 느끼는 수치심과 저항감이 온몸으로 드러나 있다.

검은 곱슬머리의 남자가 노인이 아닌 이유

아르테미시아 젠틸레스키의 아버지는 당대 거장 카라바조Michelangelo Merisi da Caravaggio의 영향을 받은 유명 화가 오라치오 젠틸레스키Orazio Gentileschi이다. 아르테미시아의 어머니는 그녀가 일곱 살 때 남동생 셋을 남긴 채 눈을 감았고, 아버지 혼자 네 남매를 키웠다. 미술학교 입학은 남자들의 전유물이던 시절, 그녀는 아버지 밑에서 물감을 섞고 안료를 빻으며 자연스레 미술을 배웠다. 그림에 뛰어난 재능을 보인 그녀가 17세에 그린 그림이 〈수산나와 두 노인〉이다. 물론 아버지의 도움을 받았을 것으로 추정된다.

아르테미시아는 다른 화실의 견습생인 기로라모 모데네제와 서로 연정을 품고 있었다. 남몰래 아르테미시아를 탐하던 아버지의 친구이자 화가인 아고스티노 타시Agostino Tassi가 사사건건 이들을 방해했다. 아르테미시아가 그린 〈수산나와 두 노인〉에서 제목과 다르게 검은 곱슬머리의 남자가 노인이 아닌 이유가 여기에 있다. 아르테미시아는 수산나의 모습에 자신이 느끼는 불쾌감을, 두 노인 중 한 명의 모습에 자신을 탐하는 타시의 모습을 그려 넣었다.

악연은 여기서 멈추지 않았다. 타시는 당시 오라치오와 퀴리날레 궁

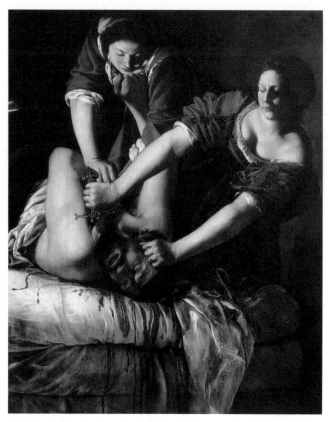

젠틸레스키, 〈홀로페르네스의 목을 베는 유디트〉 1614~1618, 캔버스에 유채 ⓒ 피렌체 우피치 미술관

추기경회실에 프레스코화를 공동 제작 중이었다. 타시는 오라치오에게 딸의 그림 선생이 되어주겠다고 제안한다. 원근법에 능했던 타시가 그녀를 지도해준다면 더할 나위없겠다고 생각한 오라치오는 그 제안을 받아들였고 타시는 그녀의 스승이 되었다. 수업을 핑계로 아르테미시아와 자연스레 만날 일이 많아진 타시는 마침내 그녀를 겁탈한다. 타시는 유

부남이었지만 그녀와 결혼을 약속하며 그녀를 다독였고, 순결을 잃은 여자에게 다른 선택은 없었다. 몇 달 더 그녀를 농락한 후에야 타시는 결혼 의사를 철회했고, 이 사실을 알고도 참아온 오라치오는 그를 강간죄로 고소한다.

알고 보니 타시는 상습범이었다. 자신의 아내도 강간해서 그 죄를 모면하기 위해 결혼했고, 아내의 여동생(13세)도 강간해 임신을 시켰다. 당시는 아내의 여동생과의 성관계도 근친에 해당해 벌을 받았다. 근친상간의 벌을 피하기 위해 타시는 처제와 결혼하기 위해 아내의 청부 살해를 의뢰한다. 그리고 그 와중에 오라치오의 그림을 훔치려던 계획이 탄로 났다. 놀랍게도 이게 실화냐 싶지만 때때로 현실은 드라마를 앞선다.

재판이 시작되었다. 재판의 쟁점은 '타시가 강간했느냐'가 아니라 '아르테미시아가 순결했느냐'였다. 여성의 순결만이 재산으로 간주되던 때였다. 그녀는 자신의 순결을 입증하기 위해 산파들 앞에서 부인과 검사를 받아야 했고, 자신의 말이 진실임을 입증하기 위해 타시와 대질 상태에서 '시빌레'라는 모진 고문을 견뎌야 했다. 이것은 두 손을 가슴에 묶은 채 손가락 마디가 으스러질 때까지 끈으로 조이는 고문으로, 고문이 끝났을 때 그녀의 손은 시퍼렇게 부어올라 마비되었다. 견디기 힘든 고통을 이기고 증언을 바꾸지 않으면 그 말은 진실로 입증되는 당시의 관례 때문이다.

우여곡절 끝에 아르테미시아는 풀려났고, 타시의 유죄가 확정되었다. 그러나 어이없게도 타시의 후원자들이 힘을 행사해 타시는 금세 풀려난다. 그림 좀 그리는 남자 화가들에게 세상은 한없이 너그러웠다.

홀로페르네스의 목을 베는 유디트

이 사건 후 아르테미시아는 〈홀로페르네스의 목을 베는 유디트Giuditta che decapita Oloferne〉를 그렸다. 유디트는 《구약성서》에 나오는 인물로 아시리아로부터 민족을 구한 유대의 영웅이다. 아시리아의 장수 홀로페르네스의 군대가 쳐들어오자 남편을 사고로 잃은 젊은 유디트는 하녀를 데리고 적진에 들어가 장군을 유혹하고, 잠든 사이 그의 목을 베어 고향으로 돌아와 고향 베툴리아를 해방시킨다는 이야기이다. 이 극적인 이야기는 카라바조, 루벤스Peter Paul Rubens 등 바로크시대 미술가들이 즐겨 그리던 주제였다. 다른 작품들과 달리 아르테미시아가 그린 유디트는 엄청난 차이가 있다.

'남자를 유혹해 함정에 빠뜨리는 여자' 유디트는 보는 남자들의 입맛에 맞게 재생되어 왔다. 살인을 저지르기에는 유약한 자세에 '아무것도 몰라요' 하는 순진한 얼굴이거나, 장군의 목을 베면서까지 관능적 표정을 짓거나, 하는 식으로 말이다. 반면 아르테미시아가 표현한 유디트는 단호하다. 자신의 사명을 잘 알고 있으며 망설임이 없다. 게다가 놀라우리만치 사실적이다. 장군을 꼼짝할 수 없게 위에서 짓누르는 하녀를 보라. 저 정도의 압박이 아니면 장수를 당할 수 없다. 그리고 유디트의 힘이 잔뜩 들어간 팔뚝과 장군의 목에서 솟구치는 동맥혈.

아르테미시아는 홀로페르네스의 얼굴에 타시를, 유디트에는 자신의 얼굴을 넣었다. 이렇게라도 표현하지 않으면 죽을 듯이 괴로웠으리라. 그의 절망과 고통과 분노가 얼마큼 극에 달했는지 작품에 고스란히 투영되어 있다. 아르테미시아의 아픈 서사를 보여주는 이 작품은 감히 다른 작품들과 비교할 수 없을 만큼 강력하다.

'야엘과 시스라'와 '루크레티아'

오라치오는 재판이 끝나고 한 달 만에 아르테미시아를 피렌체에 살고 있는 피에트로 안토니오 스티아테시Pietro Antonio di Vincenzo Stiattesi와 결혼시킨다. 피에트로 역시 화가였다. 하지만 실력은 미미해 견습생 수준을 벗어나지 못했고, 낭비가 심해 빚더미에 앉아있었다. 그의 빚을 청산해주는 조건으로 아르테미시아는 그와 결혼했다. 도망치듯 결혼했지만 다행히 피렌체로 간 아르테미시아는 짧은 시간이지만 인생의 행복을 맛보았다. 둘은 서로에게 푹 빠졌다.

피에트로는 자신의 소비를 충족시킬 만한 돈을 마련할 목적으로 아르테미시아를 전면에 내세웠다. 이름도 지난날의 아픔을 지우고자 '아르테미시아 로미Artemisia Gentileschi Lomi'로 바꿨다. 피에트로는 주로 주문을 받아왔고, 아르테미시아는 그림을 그렸다. 아르테미시아의 이름이 알려지는 데 많은 시간이 걸리지 않았다. 아르테미시아는 초상화나 정물화는 물론 역사의 위대한 여인들의 싸움으로부터 영감을 얻어 그들을 표현했다. 유디트와 야엘 같은 성경 속 여성 영웅들. 그리고 루크레티아Lucretia와 클레오파트라Cleopatra VII Philopator 같이 자신들의 최후는 자신들이 결정하는 여자들.

젠틸레스키, (좌) 〈야엘과 시스라〉, 1620년경, 캔버스에 유채 ⓒ 부다페스트 쳅무페스제티 박물관
| (우) 〈루크레티아〉, 1620~1621, 캔버스에 유채 ⓒ 제노바 카타네오 아도르노 궁전

　대표적인 그림이 〈야엘과 시스라Giaele e Sisara〉이다. 《구약성경》에 나
오는 이야기인데, 시스라 장군이 이스라엘과의 전쟁에서 패하고 도망치
던 중 야엘이 시스라를 그의 천막으로 불러 안심시킨다. 시스라가 잠들
자 야엘은 장막을 치는 못을 그의 관자놀이에 박아 그를 죽인다. 야엘
은 여호와의 적을 처단한 대담한 영웅으로 칭송된다. 영화 〈추격자〉를
만든 나홍진 감독은 이 그림을 알지 않았을까? 적을 처단하는 그의 표
정에 허둥거림이나 두려움은 없다.

　그다음 그림은 〈루크레티아Lucrezia〉이다. 권력가 남성에게 성폭행당
한 후 그 사실을 남편에게 고하고 원수를 갚아줄 것을 당부한 후 스스
로 자결하는 내용의 그림이다. 루크레티아는 고대 로마사에 나오는 이
야기이다. 이 그림은 아르테미시아의 분신이며 자화상으로 읽힌다. 타시
가 자신의 욕정을 채우기 위해 저지른 행동이 평생 아르테미시아의 가슴
에 어떻게 남았는지를 그녀는 그림들로 말하고 있다.

그림으로 악몽을 떨쳐버리다

　결혼 후 다섯 아이를 낳았으나 영아 사망률이 높았던 그 시절, 딸 푸르덴시아Prudentia만 살아남았다. 아르테미시아는 카사 부나로티Casa Buonarroti의 청탁으로 왕실화가가 되었고, 메디치 가문과 찰스 1세의 후원을 받는다. 그리고 여성 최초로 예술계에서 가장 권위 있는 협회인 한림원 회원이 된다.

　아르테미시아의 인기가 올라갈수록 피에트로는 자격지심에 휩싸여 아내의 재능을 시기하고 품행을 의심하며 급기야 폭행하기에 이른다. 고달프기 그지없는 여자의 일생이 눈물겹다.

　결국 아르테미시아는 딸과 함께 로마로 돌아오고, 피에트로는 종적을 감췄다. 다행히 그녀는 자신을 억누르던 지난날의 악몽을 그림으로 떨쳐버리고 날아올랐다. 28세에 여성 최초로 '법률상 권리'를 행사할 수 있는 사회적 지위를 획득한다. 사별한 귀족 여자가 아니면 절대 가질 수 없던 각종 공증서류에 사인할 수 있는 권리. 그녀의 화실은 모든 사람들의 방문 코스가 되었고, 그녀의 그림은 로마, 나폴리, 피렌체를 넘어 영국 왕실까지 넘어간다. 59세에 눈을 감은 그녀는 어느 날, 자신에게 그림을 의뢰한 고객에게 이렇게 편지를 썼다.

　나는 여자가 무엇을 할 수 있는지 보여줄 것입니다. 당신은 카이사르의 용기를 가진 한 여자의 영혼을 볼 수 있을 것입니다.

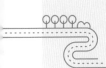

:: 이탈리아, 우피치 미술관

Museum Trip

우피치 미술관Galleria degli Uffizi은 이탈리아 피렌체 우피치 광장에 위치하며 이탈리아에서 가장 크고 가장 유서 깊은 미술관에 속한다. 아르테미시아 젠틸레스키를 비롯해 렘브란트, 카라바조, 라파엘로, 미켈란젤로, 레오나르도 다 빈치 등 르네상스 시대의 주요 작품들을 소장하고 있다. 우피치란 이탈리아어로 사무실을 뜻하며 1560년도 건축 당시 메디치 가문의 판사 사무실이었던 것을 1581년 미술관으로 개조했고, 2014년 3개의 특별 미술관이 하나의 복합단지로 통합돼 예술작품, 장인들이 만든 물건들, 도서, 메디치 가문과 합스부르크-로렌 및 사보이 가문의 식물 등을 포함하고 있다.

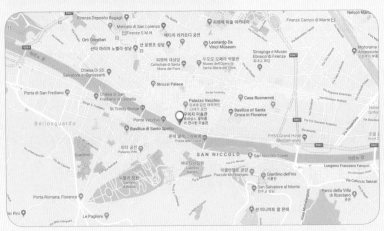

위치: Piazzale degli Uffizi, 6, 50122 Firenze FI, ITALY | https://www.uffizi.it/

제2장

렘브란트 하르먼손 판 레인

Rembrandt Harmenszoon van Rijn, 1606~1669

예술인에게 행복은 독?
스타 화가의 몰락

Rembrandt Harmenszoon van Rijn

초상화에 생명을 불어넣다

그림 속 그가 내게 쪽지를 건네며 말을 건네는 듯 연극적이다. 입고 있는 모피코트의 털 하나하나 세심하게 표현되었고 심지어 정전기가 일어 곤두서 있는 털의 표현도 기가 막히다. 옆으로 누워있는 털, 모자를 이루고 있는 살짝 더 두꺼운 털.

남자의 콧수염까지 털의 표현기법도 다채롭다. 표백한 듯 새하얀, 탄력 있고 부드럽게 목을 감싸는 레이스는 또 어떤가! 조명은 얼굴에 집중되고 배경은 어두워 성스러운 기운마저 감도는 다음 쪽 그림은 '나는 화가다'라는 말의 결정판이다.

한눈에도 부티가 철철 넘치는 그림 속 남자는 암스테르담 상인 니콜라스 루츠Nicolaes Ruts이다. 그는 러시아와 모피교역을 하는 상인이다.

그의 직업과 부를 상징하는 의상과 무역서신, 신중한 표정과 위엄 있는 자세의 이 그림은 '위대한 화가 렘브란트'의 작품이다.

그것도 스물다섯 살에 처음으로 주문받아 그린 초상화의 수준이 그렇다. 렘브란트 이름 앞에 '위대한'이라는 말을 붙인 이유는 그뿐만이 아니다. 렘브란트는 초상화에 생명을 불어넣었다. 마치 그가 내 눈앞에 있는 것처럼.

렘브란트, 〈니콜라스 루츠〉, 1631, 마호가니 판넬에 유채
ⓒ 뉴욕 프릭 컬렉션

렘브란트 하르먼손 판 레인은 네덜란드 레이덴Leiden에서 제분업자 아버지와 귀족 출신 어머니 사이 아홉 형제 중 여덟 번째 아들로 태어났다. 부유한 집안에서 어릴 때는 라틴어 학교에 다녔고 열네 살이 되었을 땐 레이덴 대학 철학과에 입학했다. 하지만 미술에 관심이 많았던 그는 학교를 그만두고 야코프 반 스와넨부르흐Jacob Isaacszoon van Swanenburg의 도제로 들어간다. 당시 이탈리아에서 유학하고 돌아온 화가 야코프에게서 렘브란트는 3년간 미술을 공부한다.

이후 역사화로 유명한 라스트만Pieter Lastman의 조수로 6개월을 보낸

다. 17세기에 카라바조의 영향을 받지 않은 화가가 어디 있겠는가! 라스트만도 로마 유학파로 당시 이탈리아를 휩쓸던 카라바조의 그림을 보았다. 그러니 라스트만 역시 그의 영향을 받는다. 렘브란트는 이탈리아 유학을 하지 않고도 두 스승의 영향으로 자연스럽게 이탈리아 미술의 흐름을 파악하고 있었다.

1625년 열아홉 살의 렘브란트는 열여덟의 얀 리벤스Jan Lievens와 함께 레이덴에 공동화실을 차린다. 그림 신동으로 유명했던 리벤스는 열 살 무렵부터 라스트만의 화실에서 수업을 받았다. 두 청년은 같은 모델을 그리기도 하고, 때로는 서로의 그림을 모작하며 예술적 영감을 주고받는다.

그 기간에 렘브란트는 많은 자화상을 그리며 두상 연습과 얼굴 표정에 따른 감정 변화에 대한 연구를 거듭한다. 그리고 키아로스쿠로(Chiaroscuro, 빛과 어둠, 빛과 그림자를 통해 양감을 나타내는 명암법)를 이용한 그림들을 본격적으로 공부한다.

네덜란드에서 가장 영향력 있는 인문주의자이자 외교관이며, 헨리 왕자Prince Frederik Hendrik의 비서였던 콘스탄테인 하위헌스Constantijn Huygens가 그들의 화실을 방문했다. 그는 그들의 그림을 보고 단박에 그들이 범상치 않음을 간파했다. 그는 이 두 젊은 화가를 네덜란드를 짊어질 걸출한 화가라 평하며 이렇게 말했다.

방앗간 집 아들 렘브란트와 얀 리벤스야말로 네덜란드가 아무리 안간힘을 써도 이탈리아 회화의 자랑인 위대한 역사화의 전통은 절대 따라잡을 수 없으리라는 시각을 지울 수 있다.

이탈리아 거장들과 맞설 화가가 되리라는 걸 일찍이 알아봤으니 하위헌스의 안목도 범상치 않았다. 이후 그는 이들을 후원하며 여러 사람들로부터 그림 주문을 확보해주었다. 렘브란트 운명의 전환점이 만들어진 거다.

1931년 드디어 렘브란트는 처음으로 직접 초상화 의뢰를 받게 되는데 그 그림이 바로 암스테르담 상인 〈니콜라스 루츠의 자화상Portrait of Nicholaes Ruts〉이다. 렘브란트는 이 그림으로 초상화 부문 스타 화가가 된다. 다음 해에는 단체 초상화로 의뢰받은 〈니콜라스 튈프 박사의 해부학 강의The Anatomy Lesson of Dr. Nicolaes Tulp〉(1632)가 그려졌다. 그의 역작이 된 작품이다. 당시 네덜란드는 성공한 부르주아, 성직자, 공무원, 귀부인 할 것 없이 초상화 열풍이던 시기였다.

렘브란트는 암스테르담으로 이사한 후 화상인 판 아윌렌뷔르흐Hendrick Gerritszoon van Uylenburgh의 집에 머물게 되는데 그의 사촌인 사스키아 판 아윌렌뷔르흐Saskia van Uylenburgh를 만나 1634년에 결혼한다. 화가로서 점점 명성이 높아갔다.

게다가 귀족 출신의 부유한 사스키아와 결혼했으니 그의 지위는 한층 상승했고 부는 쌓여갔다. 둘은 서로에게 흠뻑 빠졌다. 그는 그녀를 모델로 많은 그림을 그렸는데 특히 꽃의 여신 플로라로 표현하기도 했다. 그의 따뜻한 시선과 그녀의 표정에서 둘의 충만한 사랑이 느껴진다.

당시 암스테르담은 온갖 진귀한 물건들이 들어오는 무역 거래가 활발한 교역의 도시였는데 그는 엔틱한 물건들에 마음을 뺏겨 사 모으기 시작한다. 몰러드는 초상화 제작과 도제교육을 받고자 모여드는 학생들로 엄청난 돈을 벌지만 씀씀이가 그 속도를 앞섰다. 사스키아를 모델로 그린 많은 그림 속 그녀는 그가 사들인 진귀한 의상과 소품으로 잔뜩 치장하고 있다.

행복은 렘브란트를 질투했다. 행복의 정점에 서 있는 그에게서 마치 '예술가에게 행복은 독'이라는 듯 하나씩 앗아간다. 렘브란트와 사스키아는 자녀 셋을 낳았으나 모두 얼마 살지 못하고 사망한다.

마침내 네 번째 아이를 낳은 사스키아는 또 잃어버릴지 모른다는 불안감에 아이를 손에서 내려놓지 않고 애지중지 돌보았으나 잦은 출산과 아이를 잃은 스트레스가 겹쳐 아이를 낳은 지 9개월 만에 사망하고 만다. 1642년, 결혼 8년만인 그녀 나이 서른이었다.

〈꽃을 든 사스키아의 초상Saskia van Uylenburgh as Flora〉은 생전에 그려진 그녀의 마지막 초상화이다. 첫 번째 초상화에서 보이던 생기 넘치고 장난기 가득한 모습은 사라졌다. 화려하게 치장했던 모습도 사라졌다. 지친 표정에 희미한 미소를 띤 죽어가는 그녀는 가슴에 손을 얹고 영원한 사랑을 맹세하며 붉은 꽃 한 송이를 내민다.

꽃을 받고 같이 영원한 사랑을 맹세할 사람은 바로 렘브란트 그 자신이다. 그도 그녀도 이별을 예감한 듯하다. 죽음 너머의 약속. 꽃을 들고 서 있는 그녀와 그녀의 마지막 모습을 화폭에 담는 그의 모습이 상상이 되어 울컥한다. 렘브란트의 초상화는 그림 이상의 이야기를 담고 있다. '여기 이런 사람이 있다'라는.

렘브란트, 〈꽃을 든 사스키아의 초상〉, 1641, 오크 패널에 유채 ⓒ 드레스덴 올드마
스터스 미술관

사스키아를 끔찍이 사랑했던 렘브란트의 슬픔은 이만저만이 아니었
다. 9개월 된 아들 티투스Titus를 키우기 위해 유모가 들어왔다. 그는 그
녀와 잠시 연인이 된다. 사랑의 크기가 클수록 사별 뒤 허전함은 배가 되
는 법. 누구에게라도 맘을 붙이고 싶었으리라. 이런 마음을 여성 편력이
라 부르고 지탄한다면 인간은 도대체 얼마나 강해야 하는 존재인가?

외로움이 넘쳐 숨쉬기도 힘든, 그래서 사랑이 절박한 사람 앞에 도덕이 무슨 소용. 유모와 그런 관계라는 게 알려지며 청교도적인 시민들로부터 손가락질 받고 주문자들은 등을 돌리기 시작한다. 불행히 그녀와의 관계도 끝내 진흙탕 소송으로 끝이 난다. 이 와중에 그는 다시금 운명의 상대를 만나게 되는데 바로 그의 집에 가정부로 들어온 헨드리케 스토펠스Hendrickje Stoffels이다.

렘브란트와 헨드리케 사이에 딸 코르넬리아Cornelia가 태어났다. 둘은 사실상 부부 관계였지만 사스키아의 유언 때문에 둘은 끝내 결혼하지 못한다. 사스키아는 막대한 유산을 아들과 남편에게 남겼는데 조건이 '남편은 결혼하지 말 것'이었다.

사스키아와 결혼 무렵부터 과소비로 인해 부채가 늘고 이후에 온갖 일들로 인해 주문이 줄어 수입은 크게 줄었다. 1658년 투자마저 실패로 돌아가 집과 모든 물품을 경매당하고 알거지 신세가 된다. 빚을 갚기 위해 사스키아의 묘까지 팔아야 했을 정도였단다.

아들 티투스와 헨드리케가 화상이 되어 그의 삶을 지탱해주며 어떻게든 살아가려고 몸부림쳤다. 티투스는 어느새 자라 그의 버팀목이 되어주었다. 하지만 그런 몸부림도 잠시, 1663년 헨드리케가 사망한다. 그리고 1668년 그의 버팀목이었던 아들마저 27세의 나이에 사망한다. 운명은 그에게 가혹했다.

렘브란트, 〈자화상〉, 1669, 캔버스에 유채 ⓒ 런던 내셔널 갤러리

마지막 자화상, '너무나 비극적'

이 그림은 그가 죽기 전 그린 마지막 자화상이다.

나는 렘브란트의 마지막 자화상을 보았다. 추하고 부서진, 소름끼치며 절망적인, 그러나 그토록 멋지게 그려진 그림을. 그리고 갑자기 나는 깨달았다. 거울 속에서 사라지는 자신을 들여다볼 수 있다는 것. 스스로를 '아무것도 아닌 것'으로 그릴 수 있다는 것. 이 얼마나 놀라운 기적인가.

　－ 오스카 코코슈카

주름진 얼굴, 가지런히 모은 두 손, 모든 걸 잃은 그의 눈동자에는 눈물이 맺혀있다. 슬픔, 체념, 회한, 성찰. 그를 마주하고 있노라면 수많은 감정이 뒤엉킨다. 파란만장한 인생을 살아낸 그가 죽는 순간까지 이 그림을 그리며 말하고 싶었던 것은 무엇일까?

고흐는 이 그림을 보고 '너무나 비극적'이란 말을 수없이 되뇌었다고 한다. 80여 점인 그의 자화상은 그의 일대기를 보여주는 자서전이다. 어떤 글로도 표현할 수 없는 내면의 아우성을 있는 그대로 보여준다.

카라바조Michelangelo Merisi da Caravaggio가 사용하는 빛은 명암 대비가 극도로 대비되어 비현실적이다. 페르메이르Johannes Vermeer의 빛은 창을 통해 들어오는 자연광을 그림에 넣어 사진보다 현실적이다. 렘브란트의 빛은 그 중간 어디쯤에 있으며 빛을 통해 사건이나 상황을 보여주는 것뿐만 아니라 인물의 깊은 곳을 들여다보게 하는 힘이 있다.

실로 마법 같다. 죽는 순간까지 자신의 남은 예술혼을 자화상에 짜낸 빛의 화가 렘브란트는 그렇게 어둠속으로 사라졌다. 말라비틀어진 빵 쪼가리로 목숨을 연명했던 그의 옆에는 어린 딸 코르넬리아만 남았다.

:: 드레스덴 올드마스터스 미술관

독일 드레스덴에 위치한 올드마스터스 미술관Gemäldegalerie Alte Meister은 15세기부터 18세기까지 회화를 750점 가까이 소장하고 있다. 이탈리아 르네상스 작품은 물론이고 네덜란드와 플랑드르 그림도 포함한다. 당시의 독일, 프랑스, 스페인의 걸작들 또한 찾아볼 수 있다. 올드마스터 미술관은 드레스덴의 문화시설인 스타틀리스 쿤스트자믈룽 드레스덴Staatliche Kunstsammlungen Dresden의 일부로, 즈빙거 궁Zwinger, 샘퍼 갤러리Semper Gallery에 위치한다.

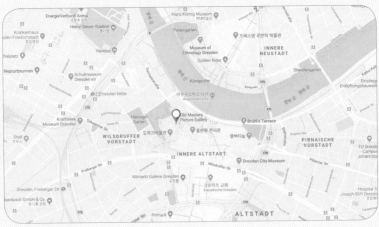

위치: Theaterplatz 1, 01067 Dresden, German | https://gemaeldegalerie.skd.museum/en/

제3장

요하네스 페르메이르

Johannes Vermeer, 1632~1675

'마성의 여인들'을 그리고 히틀러 사랑까지 받았지만

Johannes Vermeer

북유럽의 모나리자

이국적인 모양의 터번을 두른 소녀가 뒤를 돌아보며 무언가 말을 하려는 듯 입을 살짝 벌리고 있다. 칠흑 같은 배경 뒤로 조명 받은 얼굴과 귀걸이가 빛이 난다. '북유럽의 모나리자'라고 불리는 다음 쪽 그림은 실제 〈모나리자〉처럼 눈썹과 속눈썹이 없다. 신비롭고 몽환적인 느낌을 주기 위함인데 눈, 코, 입 윤곽선도 선명하게 처리하지 않았다. 영화의 스틸 컷 같은 이 그림은 무한한 상상력을 자극한다. 입술 옆의 작은 하얀 점이 전체적인 생동감을 끌어 올리는 신의 한수가 된 이 그림은 요하네스 페르메이르가 그린 〈진주 귀걸이를 한 소녀Girl with a Pearl Earring〉이다.

미국의 소설가 트레이시 슈발리에Tracy Chevalier 또한 이 그림의 애정자이다. 어린 시절부터 30년이 넘게 이 포스터를 어디든 지니고 다녔다.

페르메이르, 〈진주 귀걸이를 한 소녀〉, 1665년경, 캔버스에 유채 ⓒ 네덜란드, 마우리츠하위스 박물관

그렇게 좋아하는 그림을 바탕으로 쓴 소설이 스칼렛 요한슨 주연의 영화로도 제작된 동명의 〈진주 귀걸이를 한 소녀〉(2004년 개봉)이다. 마치 페르메이르의 다큐멘터리처럼 흘러가는 이 소설은 일정 부분 고증을 통한 부분과 꾸며낸 이야기가 절묘하게 혼합되어 마치 실제 상황 같다. 이 그림은 누굴 그린 걸까?

'화가의 딸이다, 의뢰인의 딸이다' 등 여러 학설이 있지만 작품의 주인공은 17세기 네덜란드에서 유행처럼 그려지던 '트로니Tronie'이다. 트로니란 고유한 의상을 입은 특별한 인물 유형을 대표하는 가상인물로 가슴 높이의 초상화를 뜻한다. 동시대 네덜란드의 황금시대를 이끌었던 렘브란트 또한 트로니를 몇 점 그렸다.

페르메이르는 네덜란드 델프트Delft에서 태어나, 델프트에서 그림을 그리고, 델프트에서 생을 마감한 델프트의 화가이다. 그의 외할아버지는 지폐를 위조할 정도의 정교한 손기술을 가졌고(지폐 위조범) 아버지는 직조 상인을 거쳐 여관을 운영하는 미술품 거래상이었다. 당시에는 주로 여관에서 미술품 거래가 이뤄졌는데 오가는 사람이 많은 숙박업소가 화랑 역할을 했다. 그러니 페르메이르는 어린 시절부터 자연스럽게 그림을 위탁한 델프트의 유명한 화가들과 그림들을 접하게 되었고 이후로는 아버지의 여관 가업을 물려받게 되니 그림과는 뗄 수 없는 관계가 된다. 유전적으로도 환경적으로도 그가 화가가 되는 건 너무도 당연해 보인다.

그는 생전에 36점 정도의 그림을 그렸고 43세의 나이에 요절했으며 사후 200년 가까이 잊힌 존재였기에 그에 대한 기록은 별로 없다. 출생과 사망, 결혼, 당시에는 길드(화가조합)에 가입한 사람만 그림을 그려서 팔 수 있었기에 길드 가입 연도 같은 최소한의 자료만 남아있다.

길드에 가입하기 위해서는 6년의 미술과정을 이수해야 했는데 그는 이때 그림을 배웠던 것으로 추정된다. 다만 스승이 누구인지 확실치는 않다. 길드 등록이 21세에 이뤄진 것으로 보아 본격적인 화가의 길은 그때부터였다. 이후 22년간 겨우 40점이 안 되는 그림을 그렸으니 1년에 두 작품이 안 된다. 게다가 그림의 크기도 작다. 〈진주 귀걸이를 한 소녀〉도 크기가 45×40㎝이고 대부분의 작품들이 이보다 살짝 크거나 작다.

페르메이르, 〈우유를 따르는 여인〉, 1660년경, 캔버스에 유채 ⓒ 암스테르담 국립미술관

노랑, 파랑, 빛…… 게임

〈우유를 따르는 여인Het melkmeisje〉은 그의 또 다른 역작이다. 노동의 신성함을 드러내는 것도 아니고 8등신의 육감적인 여인도 아닌 그저 일하는 여인. 왠지 적막과 경건함이 흘러 관람객은 숨을 죽이게 된다. 왼쪽 창으로부터 들어오는 빛, 그러데이션이 자연스러운 흰 벽, 소박하고 사실적인 식탁, 파란색 앞치마를 두르고 노란 상의를 입은 여인. 이 평범한 소재가 그의 손끝을 통과하면서 그림은 신성함을 뿜어낸다.

〈진주 귀걸이를 한 소녀〉에서도 보다시피 노랑과 파랑은 그만의 색이다. '따라올 테면 따라와 봐' 하는 것 같다. 노랑, 파랑, 빛 이것으로 게임 끝이다. 그의 작품에는 왼쪽 창에서 빛이 들어오는 그림이 유독 많은데 그의 작업실 구조 때문에 그렇다.

이 시절, 빛을 이용한 그림을 그린 다른 지역의 대가들은 주로 성경이나 신화에서 모티브를 가져와 극적인 장면을 극적으로 표현했다. 그런데 페르메이르는 초반 몇 작품을 제외하고는 일상의 여자들을 모티브로 정적인 그림을 주로 그렸다. 이런 종류의 그림은 풍속화라 한다. 〈레이스를 뜨는 여인〉〈편지를 읽는 여인〉〈편지를 쓰는 여인〉 등. 그런데 왜 이런 풍속화를 그렸을까?

이유는 간단하다. 무역을 통해 부를 축적한 시민들이 암스테르담에 많이 생겨나면서 새로운 회화의 소비계층이 생겨났다. 왕이나 귀족과는 달리 시민들의 경제력은 천차만별이고 그 층에 따라 원하는 그림이 달랐다. 부유한 계층은 대형 풍경화나 초상화, 서민은 실내 풍속화나 정물화, 그 아래는 솔직, 명랑한 초상화였다. 그의 그림이 작은 이유가 있다. 그림을 거실 벽에 장식할 서민들은 큰 그림을 살 수 없었다.

그는 작업 속도가 매우 느렸고 한 번에 한 작품만 했다. 게다가 스물한 살에 결혼한 뒤 열다섯 명의 아이를 낳았다(네 명은 어린 시절 사망함). 먹여 살릴 가족이 많으니 생활이 넉넉할 리 없었다. 결국 장모에게 얹혀살게 된다. 장모는 그에게 작업실도 제공하고 물심양면 지원했으나 곤궁한 생활은 나아지지 않았다. 하나를 그려 하나를 파는 시스템이니 작업실이라 해도 볼 작품이 없었다. 어느 날, 프랑스 대사가 그의 작업실을 방문, 그림을 의뢰하려 했으나 보고 판단할 만한 작품이 없어 그냥 돌아갔다. 이에 그가 마음먹고 자신의 홍보용으로 그린 작품이 있었으니, 바로 〈회화의 기술The Art of Painting〉이었다.

긴 시간을 돌고 돌아

이번 그림은 그의 다른 작품들에 비해 크기가 크다(120×100㎝). 그리고 뒷모습이지만 그의 유일한 자화상이 들어있고, 그가 죽는 날까지 간직한 유일한 작품이다. '나 이런 그림을 그리는 사람이야'라고 말하는 듯, 이 그림은 그의 그림의 결정판이다. 그림을 그리고 있는 현장을 와서 보라는 듯 젖혀진 커튼은 관람자를 그림 안으로 끌어들인다.

월계관을 쓰고 나팔과 책을 들고 있는 여인은 그리스 신화 속 '역사와 예술의 여신 클리오Clio'이다. 배경으로 펼쳐진 지도에는 네덜란드 17개 주 여러 도시들이 정확하게 그려져 있다. 더욱 놀라운 건 지도가 울퉁불퉁 굴곡져 있는데 이마저도 사진처럼 정교하다는 것이다. 화가는 당시 최고 유행하던 의복과 빨간 스타킹을 신고 있다. 바닥의 타일은 원근법이 무서우리만큼 정확하고, 커튼은 한 올 한 올 꼬임까지 표현되어있다. 맨 눈으로 보고 그리기엔 불가능한 표현이다.

클리오의 손 아래와 화가의 왼쪽 지도 끝 아래에 현미경으로나 볼 수 있는 작은 구멍에 그 해답이 있다. 그는 그 두 곳에 바늘구멍을 뚫고 실을 꿰어 타일의 모서리 끝이 일치하도록 선을 그었다. 그리고 카메라 옵

페르메이르, 〈회화의 기술〉, 1666~1668, 캔버스에 유채 ⓒ 빈 미술사 박물관

스큐라camera obscura와 거울을 이용해 한 치의 오차도 없는 이 그림을 그렸다. 라틴어로 '어두운 방'을 뜻하는 카메라 옵스큐라는 깜깜한 벽 한쪽에 구멍을 뚫어 빛을 통과시키면 외부의 풍경이 반대 벽에 거꾸로 비치는 것을 말하는데, 그는 이 장치와 거울을 이용해 그림을 그린 것으로

알려져 있다. 델프트에 있는 페르메이르 센터Vermeer Centrum Delft에 그가 어떻게 빛과 소실점, 카메라 옵스큐라를 사용했는지 재현되어 있다.

이 그림은 그의 사후에 그의 부인이 마지막까지 지키려고 애썼으나 파산에 따른 압류로 경매에 넘어가고 제2차 세계대전 중 히틀러의 손에 들어간다. 화가 지망생이었던 히틀러는 분풀이라도 하듯 그때 8000점이 넘는 명화들을 약탈했는데 특히 이 그림에 대한 애착이 남달랐다. 종전 후 이 그림은 다시 빈 미술사 박물관Kunst Historisches Museum Wien으로 되돌아가 현재 그곳에서 전시 중이다. 1673년, 프랑스와 네덜란드의 전쟁으로 네덜란드 미술시장이 몰락한다. 이로 인해 더욱 궁핍해진 그는 2년 후인 43세 젊은 나이에 심장발작으로 사망한다. 작품 수도 적고, 그나마 그중 21개 작품을 한 사람이 소유하고 있었고, 당시 흔했던 도제교육을 하지도 않아 제자도 없었으니 그는 곧 잊힌 존재가 된다. 그를 되살린 이들은 19세기 프랑스 아방가르드 작가들이다. 일상 속 평범한 이야기를 깊이 들여다보려 했던 그들이 마침내 2세기 전에 이미 그런 경이로운 화가가 있었음을 발견한 것이다.

긴 시간을 돌아 그렇게 그는 다시 우리 곁으로 왔다. '인생은 짧고 예술은 길다'는 그를 위한 말 같다. 페이메이르의 〈델프트의 풍경View on Delft〉(1660~1661)을 세상에서 가장 아름다운 그림으로 여겼다는 마르셀 프루스트는 《잃어버린 시간을 찾아서》에서 그 작품에 대해 이렇게 썼다. "나도 이렇게 글을 써야 했는데…."

Museum Trip

:: 암스테르담 국립미술관

네덜란드 암스테르담 국립미술관Rijksmuseum은 암스테르담-주드Amsterdam-Zuid시 뮤지엄
광장Museumplein에 있으며, 인근의 반 고흐 미술관, 암스테르담 시립박물관Stedelijk Museum
Amsterdam, 암스테르담 콘서트홀Royal Concertgebouw에 둘러싸여 있다. 암스테르담 국립미술
관은 1800년 헤이그에서 설립되어 1808년 암스테르담으로 이전되었고 몇 차례의 리노베이션
을 거쳐 2013년 현재의 모습을 갖추었으며 중세부터 현대까지의 네덜란드 역사가 고스란히 담
겨있다. 페르메이르의 〈우유를 따르는 여인〉, 반 고흐의 〈자화상〉, 렘브란트의 〈야간순찰Night
Watch〉 등의 회화, 델프트 청자Blue pottery, 네덜란드 최대 최고最古의 예술사 도서관이라 할 수
있는 카이퍼스 도서관Cuypers Library 등이 있다.

위치: Museumstraat 1, 1071XX Amsterdam, Netherlands | https://www.
rijksmuseum.nl

제4장
조반니 벨리니

Giovanni Bellini, 1430~1516

귓속에 에프킬라 뿌린 사람,
그림 속 무관심

Giovanni Bellini

공동정범과 이카로스

　2009년 1월 20일. 용산 남일당 건물 망루 화재로 철거민 5명과 경찰 특공대 1명이 사망했다. 검찰은 철거민이 던진 화염병으로 인한 화재라고 결론짓고 이들 25명을 공동정범으로 묶어 형사 처벌한다. 이 사고로 징역을 살고 나온 5명의 이야기를 담은 다큐멘터리가 영화 〈공동정범〉이다.

　애초에 영화는 생존자들의 기억을 취합해서 화재의 원인 규명이나 사망자들이 어떤 경로로 사망에 이르렀는지 알고 싶었는지도 모른다. 하지만 상처 난 사람들에게 원인 규명에 앞서 위로와 치유가 더 절실했음을 영화는 보여준다.

　철거민 대책위원장 이충연은 다른 사람들을 뒤로한 채 불타는 망루를 제일 먼저 탈출했다는 죄책감에 다른 생존자들과 연대하지 못한다. 어떻게든 연대해서 서로 위로받고 또 자신들의 무고함을 밝히고 싶은 다른 4명의 생존자는 출소 후 모임을 가로막는 이충연과 갈등을 빚는다. 이 사건으로 이충연은 아버지를 잃었지만 자책감에 애도하는 것조차 힘이 든다. 비난의 화살이 본인에게 쏟아질까 두려워 생존자들 앞에 나서는 것도, 얼굴을 맞대고 그 순간을 떠올리는 것도 두렵기만 하다.

자신의 행동을 숨기고 싶은 자와 그런 행동을 이해할 수 없는 4명의 생존자는 시간이 흐를수록 오해가 쌓여간다. 그런데 팽팽하던 긴장감이 '한순간 말 한마디'에 해체된다. 그를 긴장감에서 풀어지게 하는 다른 생존자의 입에서 나온 순간의 말.

"먼저 탈출한 게 문제는 아니고……, 위원장이 먼저 나갔으니 다른 사람들도 뒤따라갔다"라는 그 한마디가 그의 가슴 위 돌덩이를 밀어냈다. 9년을 짓누르던 바윗덩어리. 벽이 사라지자 그는 마음을 열고 다른 생존자들과 손을 잡는다.

내게도 문득 중요하지 않은 어떤 것을 내려놓지 못해 관계가 얽히고 일이 꼬이곤 했던 시간들이 떠오른다. 결과론적으로 보고 "왜 진즉 터놓고 말하지 그랬냐?"라고 할 수도 있겠지만 막상 그럴 수 없어서 안타까웠던 시간들이 겹쳐 보여 내내 애달프다.

영화 시작 부분에 철거민 진압 장면이 나온다. 물대포를 쏘고, 불길이 치솟고, 비명과 고성이 오가고 아비규환이다. 이 상황과 전혀 상관없는 듯 동이 터오고 화면 뒤 고층 아파트에는 불이 켜진다. 두 세상은 마치 합성을 해놓은 듯하다. 진압당한 철거민들은 하나둘 진압버스에 태워

조반니 벨리니, 〈순교자 베드로의 암살〉, 1507년경, 보드에 오일 템페라 © 런던 내셔널 갤러리

지고 아무 일 없었다는 듯이 상황은 종료된다. 나 역시 무관심했던 사람 중 한 명이었다.

아무것도 보이지 않는 것처럼

조반니 벨리니가 그린 〈순교자 베드로의 암살Uccisione di san Pietro

martire〉이라는 작품을 보면, 왼쪽에 베드로가 칼에 찔리고 정면에는 보조수사 한 명이 잡히는 장면이 그려져 있다. 그림 전체를 차지하고 있는 배경은 숲속이다. 모두들 아무것도 보이지 않는 사람들처럼 평화롭게 나무를 하고 있다.

눈앞에서 사람이 칼에 찔리는 끔찍한 상황에도 놀라거나 제지하는 사람은 없다. 16세기에도, 지금도, 현실은 다르지 않나 보다. 벨리니는 비극적인 상황을 더 비극적으로 보이게 하려고 주변에 무관심하게 자기 할 일을 하고 있는 사람들을 그려 넣었다.

그런 마음은 어떻게 표현하는 게 정확할까? 나는 그림 속 나무꾼들처럼 나무를 하고 있었다. 당장 땔감이 필요하니까 성실히 내 일을 했다. 열심히 사는 건 위대하진 않더라도 죄는 아니라고 생각했다.

맞는 말일까? 내게 일어난 일은 시간차를 두고 남에게도 일어난다. 반대로 남에게 일어난 일은 내게도 언제든 일어날 수 있다. 날벼락 같은 일은 부지불식간에 덮쳐 와서 삶을 파괴하는데 아무도 나를 도와주지 않는다면 나는 어떻게 견뎌야 할까?

소외는 돌고 돌아 내게로

대 피터르 브뤼헐Pieter Bruegel the Elder의 〈이카로스의 추락Landschaft mit Sturz des Ikarus〉 역시 비슷한 메시지를 보여준다. 화면 전체를 차지하는 경작하는 농부와 양치는 사람. 고요한 바다. 그 위를 순항중인 범선.

대 피터르 브뤼헐, 〈이카로스의 추락〉, 1558년경, 캔버스에 유채 © 브뤼셀 왕립보자르미술관

물에 잠기고 있는 발버둥은 이 그림의 제목을 알지 못한다면 찾기조차 힘들다. 사람이 빠져 죽거나 말거나 자기 일에만 열중하는 사람들.

우리를 정말 힘들게 하는 건 무엇일까? 사람은 힘든 것 자체로 죽지 않는다고 한다. 힘든 일을 겪고도 아무에게도 위로받지 못하면 그때 인간은 무너진다. 서로를 버티게 하는 힘, 관심과 애정이 없다면 결국 이 소외는 돌고 돌아 부메랑처럼 내게로 온다. 이 작품들은 주변을 무심히 표현함으로 역설적이게 냉혹한 현실의 섬뜩함을 보여준다.

영화가 끝나고 이 다큐를 만든 감독 2명과 다큐 속 생존자 2명의 인사GV가 있었다. 응원과 위로의 박수를 보냈다. 고개를 숙이고 있는 이

충연에게 다가가 아직도 움츠려있는 어깨를 툭툭 털어주며 당신 잘못이 아니라고 말해주고 싶었다. 피해자들끼리 누구의 피해가 더 큰지를 따지는 건 얼마나 서글픈 일인지. 진짜 가해한 사람들은 어디 가고 피해자들끼리 생채기를 내는 모습을 보는 건 안타까움을 넘어서는 비참이다.

영화도 그림도 보여준다. 그리고 묻는다. 타인의 불행을 보고도 눈감는 나도, 권력을 쥐고 가해하는 자들과 공동정범인지 아닌지.

:: 런던 내셔널 갤러리

런던의 트라팔가Trafalgar 광장에 위치한 런던 내셔널 갤러리National Gallery
는 1824년에 설립되었고, 13세기 중엽부터 1900년에 이르는 작품 컬렉션을
2300점 가까이 소장하고 있다. 유럽 미술사에서 중요한 작품들을 두루 전시하
고 있다. 컬렉션의 대부분이 개인 기증으로 이루어져 있고 입장료가 무료라는
특징이 있다.

위치: Trafalgar Square, Charing Cross, London WC2N 5DN, United Kingdom |
https://www.nationalgallery.org.uk/

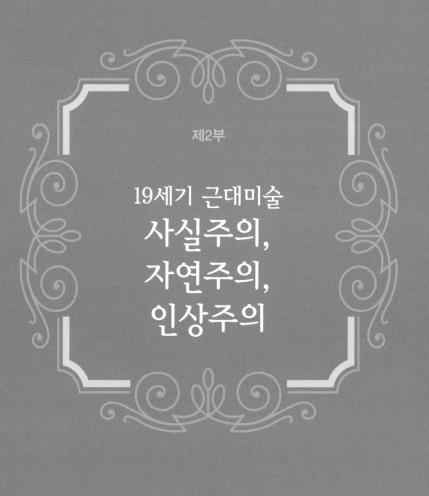

제2부

19세기 근대미술
사실주의,
자연주의,
인상주의

제5장
베르트 모리조

Berthe Morisot, 1841~1895

막장드라마로 소비된
여성 화가, 당신이 놓친 것

Berthe Morisot

사랑의 힘은 세다

에두아르 마네Édouard Manet의 뮤즈이자 제자이고 연인이었던 베르트 모리조. 이미 결혼한 마네와 이루어질 수 없는 사랑에 가슴앓이를 하다가 엉뚱하게도 마네의 동생인 외젠 마네Eugène Manet와 결혼했다.

사랑하는 여인을 동생에게 보내야 하는 마네. 그렇게 마네의 가족이 되어 그의 옆에서 그의 아내를 질투하며 라도 그 옆에 있고 싶은 베르트 모리조. 서로를 향한 뜨거운 눈빛을 모를 리 없었던 동생 외젠 마네.

이들은 평생 어떤 심정으로 살았을까? 아슬아슬 막장드라마 같은 이야기이지만 영화보다 더 극적인 인생이 어디 한둘이랴! 드라마나 영화도 현실을 떠나서 나오지 않는 법.

그렇게 외젠 마네와의 사이에서 태어난 딸 줄리Julie. 에두아르 마네와

에두아르 마네, 〈제비꽃 다발을 든 베르트 모리조〉,
1872, 캔버스에 유채 ⓒ 파리, 오르세 미술관

베르트 모리조 사이에는 무수한 소문이 떠돌았지만 사랑은 사랑한 당
사자들만 아는 이야기. 그들의 러브스토리는 너무나 많이 알려진 데 반
해 외젠 마네와의 결혼 생활에 대한 이야기는 찾기 힘들다.

대신 그녀는 남편과 딸 줄리 마네를 모델로 다수의 작품을 남겼다.
금수저 집안에서 태어나 그 시절에도 미술교육을 받아 화가가 되었고,
사람들의 시선을 단번에 사로잡을 만큼 뛰어난 외모와 예술적 재능을
지닌 그녀가 왜 그런 선택을 했는지 알 수 없다. 사랑은 어떤 선택도 가
능케 할 만큼 힘이 세다.

남성 화가들로만 즐비했던 시절, 베르트 모리조는 유일하게 인상파

전시에 작품을 낸 여자 화가이다. 그것도 인상파 전시 총 8회 중 7번을 참가했다. 단 한 번 불참 이유가 아이 출산 때문인 것을 보면 얼마나 작품 활동을 왕성히 했는지, 얼마나 그림에 대한 열정이 대단했는지 가늠이 된다. 나중에 인상파 화가들이 다른 화풍을 추구해서 떠날 때도 그녀는 자신의 화풍을 유지했으며 그녀만의 색채는 더욱더 발전했다.

착해지고 순수해지고 싶다

다음 쪽 〈접시꽃과 어린아이Enfant dans les roses trémières〉는 어린 시절 장미넝쿨이 우거졌던 우리 집과 닮아있다. 작은 시골집 대문 위로 장미넝쿨이 우거지고 그 아래 이름 모를 야생화들이 피어있던 우리 집. 언니, 오빠가 학교에 가면 나 혼자 남아 그 넝쿨 아래서 땅을 파기도 하고 온갖 벌레들을 구경하면서 시간을 보냈다.

다 잊고 있었는데 이 그림을 마주하자 그 옛날 집이 떠올랐다. 뭔가 가슴이 뭉클해지는 느낌. 어린 내게 무슨 구구절절한 사연이 있는 집도 아니었는데. 추억이란 이런 건가? 어린 시절의 기억을 소환하기만 해도 맘이 그림 속 빛처럼 일렁인다.

눈부신 햇살 아래 아이의 볼이 환하다. 아이를 둘러싼 색색의 아름다운 꽃들도 아이를 빛나게 한다. 열려있는 대문 밖에서 시원한 바람 한 자락이 불어와 뜨거운 볕을 식혀줄 것 같다.

낮은 담장 사이로 보이는 시골 마을, 그 평화로워 보이는 풍경이 뜬

베르트 모리조, 〈접시꽃과 어린아이〉, 1881, 캔버스에 유채 ⓒ 독일 쾰른 발라프−리하르츠 미술관

금없이 눈물겹다. 눈을 뗄 수가 없다. 장미넝쿨 대문 아래에서 놀고 있던 나를 바라보는 우리 엄마의 시선도 이처럼 따뜻했겠지. 이제 그때의 엄마보다 훨씬 늙어버린 딸이 그때의 어린 나를 바라본다.

그림으로 힐링한다는 것이 이런 건가 보다. 내 몸 속의 지치고 오염된 마음이 순간 정화된 듯하다. 막 착해지고 순수해지고 싶다. 나를 현실로 돌아오게 하는 아들의 한마디.

"인상파의 아버지 마네가 인상파라고 이름을 정한 거야?"

"아니, 프랑스 신문기자 루이 르루아Louis Leroy라는 사람이 낙선전에 출품한 모네Claude Monet의 그림 〈해 뜨는 인상Impression, soleil levant〉을 보고 비꼬아서 그들을 인상파라고 기사에 썼는데 그게 이름이 되었대."

파리의 유명한 국선미술대회인 '살롱전Salon de Paris'에 떨어진 화가들이 그 옆에서 전시를 열었는데 그게 낙선한 사람들의 전시라 '낙선전Salon des Refusés'이라고 불렀다는 이야기, 그 전시가 인상파 화가들의 첫 번째 전시였다는 이야기. 사진기 발명이 화풍의 변화를 불러왔다는 이런 저런 이야기를 했다.

전시를 보고 늦은 점심을 먹기 위해 식당에 갔다. 열여덟 살이 되어 이미 덩치는 나보다 훨씬 큰 아이의 모습에서 〈접시꽃과 어린아이〉의 모습이 보인다. 식당 유리창에 햇빛이 가득 들어오고 아이는 눈이 부셔 하며 메뉴판을 보고 있다.

덩달아 눈이 부신 나는 '꽃밭의 어린 소녀'와 '메뉴판을 든 아들'의 모습이 겹쳐 보인다. 베르트 모리조가 바라봤던 시선처럼 나도 내 아이를 그렇게 바라보고 있었다.

:: 프랑스 파리, 오르세 미술관

프랑스 파리, 오르세 미술관Musée d'Orsay은 센강 서안에 위치하며 루브르Musée du Louvre와 튈르리 궁전Jardin des Tuileries 맞은편에 있다. 미술관 건물은 1900년 세계박람회를 위해 옛 오르세 역에 세워졌고 1848년부터 1914년까지의 서양미술 작품을 소장하고 있다. 1986년 9월부터 국립미술관이 되었다. 밀레, 쿠르베, 마네, 모네, 르누아르, 드가, 세잔, 로댕, 고갱, 반 고흐 등 걸작을 볼 수 있다. 파리 지하철 12호선 솔페리노Solférino, RER(수도권 전철) C선 오르세 미술관 Musée d'Orsay역과 가깝다.

위치: 1, rue de la Légion d'Honneur 75007 Paris, France | https://www.musee-orsay.fr

제6장
폴 세잔

Paul Cézanne, 1839~1906

사과 한 알로
파리를 뒤집어 놓겠다던
남자

Paul Cézanne

사진 같은 정물화의 편견을 깨다

흘러내리는 흰 식탁보와 그 위의 단단해 보이는 과일들. 맨 앞 사과 한 알은 금방이라도 굴러 떨어질 것 같다. 정돈되지 않은 배경에 그려진 과일임에도 선명하고 흐트러짐 없이 시선을 사로잡는다. 물병에 새겨진 그림은 주변 과일들과 뒤에 있는 다채로운 문양의 소파 천을 자연스럽게 이어준다. 아래로 향하는 흰 식탁보와 위로 솟은 과일 그릇은 대비를 이뤄 균형감이 있고 오브제의 위치도 단조롭지 않으면서 좌우 구조적으로 잘 배치되어있다.

좀 더 들여다보니 뒤편 오렌지가 들어있는 솟아있는 접시와 물병은 시점이 앞쪽인 데 반해 그 앞 사과 접시는 위에서 내려다보는 시점이다. 원근감도 없어 그림이 평면적이다. 우리는 이미 피카소Pablo Picasso나 브

폴 세잔, 〈사과와 오렌지가 있는 정물〉, 1895~1900, 캔버스에 유채 © 파리, 오르세 미술관

라크Georges Braque 같은 거장들의 작품들을 통해 복합시점의 평면적인 그림들을 접했기에 이런 그림이 어색하지 않지만, 이 작품은 그들 이전에 그려진 그림이다. 그러니 사진 같은 정물화만 보아온 사람들에게는 매우 낯설 수밖에 없다. 왜 이렇게 그렸을까?

아담과 이브의 사과, 뉴턴의 사과와 더불어 회자되는 세잔의 사과는 도대체 어떤 점이 특별한가? 그리고 세잔은 어떻게 현대 미술의 아버지가 되었을까? 사과 한 알로 파리를 깜짝 놀라게 하겠다고 공언한 세잔은 그의 말대로 파리뿐 아니라 온 세상을 깜짝 놀라게 했고 미술사의 흐름을 바꿔놓았다. 그런 세잔의 사과가 여타의 정물화와 다른 점을 알려면 우선 그동안 그려진 정물화를 살펴볼 필요가 있다.

세잔 이전의 정물화는 소재 자체의 본질보다는 상징성이 강했다. 예를 들면 세속적인 삶이 짧고 덧없음을 나타내는 해골, 유리잔, 책, 깃털 등이 소재로 쓰인 바니타스 정물화가 대표적이었다. 그리고 유리에 비친 대상까지 그대로 묘사되는 사진보다 더 실제 같은 극사실주의 작품들이 대부분이었다. 보고 있자면 실물과 너무 똑같아서 감탄이 저절로 나오는 그런 작품들.

그런 그림들이 정물화로 인정받는 시대에 뜬금없는 그림이 나왔다. 원근감도 무시되고 시점도 중첩된, 하지만 구성과 색채 면에서 너무도 단단한 그런 그림이. 세잔은 각 소재가 지닌 형태적 특성을 제대로 보여주기 위해 다중 시점을 사용했고 그림이 3차원 입체가 아닌 2차원적인 것임을 강조하기 위해 원근감을 없앴다. 낯선 것에 대한 비난이 일었고 이어서 새로운 것에 대한 찬사가 쏟아졌다. 똑같게 그리지 않는 그의 이런 시도는 미술의 새로운 지평을 열었다.

세잔은 그리려는 대상을 천 번을 보고, 백 번을 그리고, 백 번을 고치는 화가였다. 그가 자화상을 많이 그리거나 사과나 오렌지, 혹은 레몬처럼 외피가 단단한 소재를 택한 이유는 거기에 있었다. 그림을 완성하는 동안 오래도록 움직이지 않아야 하고 변치 않아야 했으니까.

사과를 눈앞에 두고 바라본다. 며칠을 바라보고 생각하고, 밥을 먹고 다시 보고, 산책하고 돌아와 다시 사과를 보며 사과라는 본질을 파악할 때까지 세잔은 사유를 멈추지 않았다. 그리고 '무릇 사과란 이런 것'이라는 학습된 이미지가 아닌 '자신이 보고 느끼고 체득한 사과'를 그렸다. 원근이나 시점은 의미가 없다. 대상을 똑같게 그리지 않고 사과를 가장 사과답게 보이게 하는 색채와 각도, 그리고 안정감 있는 구도만이 그에게 중요하다. 극히 '주관적인 방식'으로. 이렇게 그의 특별한 사과가 탄생했다.

세잔은 사전에 깊이 생각하지 않은 붓질은 단 한 획도 한 적이 없다. 그는 자기가 무엇을 할 것인지, 그리고 무엇을 원하는지 잘 알고 있었다. 그는 사람의 눈을 시원하게 하는 절묘한 색채감으로 사물의 본질을 구성하는 색채의 마술사였다. – 에밀 베르나르, 폴 세잔에 대한 회상.

에밀 졸라, 카미유 피사로와의 만남

세잔은 프랑스 남부 엑상프로방스(Aix-en-Provence, 이하 엑스)에서 모자 상인인 아버지와 점원이었던 어머니 사이에 태어났으며 밑으로 두 누이가 있었다. 그의 아버지는 모자로 돈을 벌어 당시 그 지역에 하나뿐이던 은행을 동업으로 인수했다. 덕분에 세잔은 부유한 환경에서 자랐다. 그가 부르봉 중학교College Bourbon에 입학한 13세 무렵 그곳에서 한 살 아래 에밀 졸라Émile François Zola를 만나 우정을 키운다. 두 소년은 바늘과 실처럼 항상 함께 동네 뒷산을 산책하고 수영을 하고 책을 읽었다. 그 무렵 세잔은 엑스의 미술학교에서 조제프 지베르Joseph Gibert에게 그림을 배운다.

졸라는 18세가 되던 해 파리로 이사했고 둘은 수많은 편지를 주고받기 시작한다. 세잔은 화가가 되고 싶었지만, 아버지의 바람대로 엑스의 법대Aix-Marseille University에 진학했다. 하지만 적응하지 못했다. 졸라의 제안과 설득에 힘입어 3년 후 세잔은 화가의 꿈을 안고 파리로 향한다.

1861년, 6개월 동안 파리의 아카데미 스위스L'Académie de Charles Suisse에서 그림을 배우며 피사로Camille Pissarro, 기요맹Armand Guillaumin 등의 인상파 화가들을 만난다. 하지만 국립미술학교인 에콜 데 보자르École des Beaux-arts에 낙방하자 크게 상심해 낙향한다. 엑스로 돌아온 세잔은 아버지의 은행에서 일했지만, 화가의 꿈을 도저히 접을 수 없어 다음 해 다시 파리로 간다.

십여 년간 세잔은 파리와 엑스를 오가며 그림을 그렸다. 국선인 살롱전에 번번이 낙선했고 외골수적인 성격 탓에 동료 화가들과도 어울리지 못했다. 이런 이유로 심한 우울증을 겪었다. 이 시기를 세잔의 암흑기라 하며 그림은 전체적으로 어둡고, 주제도 죽음, 강간, 살인과 같은 것들이 대부분이었다.

그의 그림이 변화를 겪게 된 것은 그보다 아홉 살 연상인 인상주의 화가 카미유 피사로를 만나고부터였다. 따뜻하고 너그러운 성품으로 알려진 피사로는 세잔의 천재성을 누구보다도 빨리 알아봤다. 피사로는 세잔을 자신이 거주하고 있는 퐁투아즈Pontoise로 초대했다. 퐁투아즈는 매우 아름다운 곳으로 풍경화가들을 위한 소재가 풍부했다.

누구와도 어울리지 못하고 고립되었던 세잔은 피사로가 내민 손을 덥석 잡았다. 그의 예민함과 까다로움을 모두 받아준 피사로에 대해, "피사로는 내게 아버지와 같다. 거의 자비로운 신과 같다"라고 세잔은 회고했다. '자연을 주의 깊고 성실하게 관찰하라'라고 강조한 피사로는 세잔의 팔레트에서 어두운 색을 제거하고 빨강, 노랑, 파랑 3원색과 이에 파생된 색 사용을 권장함과 동시에 그를 독려했다.

우리의 친구 세잔은 우리의 기대를 높인다. 나는 괄목할 만한 활력과 힘이 느껴지는 그의 그림을 보아왔다. 바라건대, 그가 오베르Auvers-sur-Oise에 얼마간 더 머물게 된다면, 그를 성급하게 비난했던 많은 예술가를 놀라게 할 것이다.

세잔은 피사로의 옆에서 그의 조언을 받아들이며 줄곧 작업했다. 그리고 그의 명작인 〈목매단 사람의 집La Maison du pendu〉(1873)이 탄생했다. 1874년, 제1회 인상주의전이 열리고 세잔은 이 작품을 포함한 3점을 출품한다.

마네의 그림 〈올랭피아Olympia〉(1863)에서 모티브를 가져온 세잔의 작품인 〈모데른 올랭피아Une moderne Olympia〉(1869~1870)의 급진성에 몇몇 회원들은 그의 참여를 반대했지만, 피사로는 그를 참여시켰고 이에 분개한 마네는 자신의 작품을 철수시켰다. 마네는 세잔을 "모종삽으로 그림을 그리는 미장이"로 비하했고 대중과 평단은 그를 조롱했다. 한 평론가는 그 그림을 두고 세잔을 알코올 중독으로 인한 정신 착란 상태에서 그림을 그린 광인으로 묘사했다.

졸라와 결별하다

　인상주의자 편에서 미술평론을 쓰고, 이 전시에 참여했던 절친 에밀 졸라는 침묵했다. 그조차도 세잔의 그림을 이해하지 못했다. 외려 졸라는 자신의 차기 소설 《작품L'Œuvre》(1886)에서 주인공인 클로드 랑티에 Claude Lantier를 성적으로 자신이 없으며 성격은 괴팍하고 결국 실패한 화가로 자살로 생을 마감하는 인물로 묘사했고 세잔은 이를 자신이라고 받아들였다. 세잔은 오랜 시간 졸라와 나눈 비밀의 대화들이 우롱당한 것에 심한 모욕감을 느꼈고 그에게 마지막 편지를 보낸다.

　　친애하는 에밀에게,
　　자네의 《작품》을 막 받았네. 친히 한 권을 보내주다니 정말 친절하군. '루공 마카르' 총서의 저자분께 추억의 증표로 감사하다고 전해주게나. 또, 과거를 생각해서 그에게 그의 손을 꼭 붙잡아도 좋은지 여쭤봐 주게나.
　　과거 속에 살고 있는 당신의 폴 세잔.

　40여 년 우정은 이렇게 끝이 나고 세잔은 사람들과 더 멀어져서 그림 속으로 침잠한다. 이 시기에 아버지로부터 많은 유산을 상속받은 세잔은 돈 걱정 없이 작품에만 매진할 수 있었다.

　레오나르도 다 빈치Leonardo di ser Piero da Vinci의 〈살바토르 문디 Salvator Mundi〉가 2017년 판매되기 전까지 세상에서 가장 비싼 그림이었던 〈카드놀이를 하는 사람들Les Joueurs de cartes〉(1892~1893) 연작이 그 시기에 그려졌고 많은 정물화와 초상화가 탄생했다. 세잔의 그림이 만국 박람회에 전시되었고 56세의 늦은 나이에 첫 전시회도 열렸다. 당시 상징주의 화가 모리스 드니Maurice Denis는 "평범한 사과는 먹고 싶지만, (⋯) 세잔의 사과는 마음에 말을 건넨다"라며 〈세잔에게 바치는 경의 Hommage à Cézanne〉(1900)라는 작품을 그렸다.

고향 엑스로 돌아와 생트 빅투아르 산이 보이는 곳에 작업실을 만들고 그의 평생의 걸작이자 추상 미술의 길을 열어준 《생트 빅투아르 산 Montange Sainte-Victoire》(1882~1906) 연작을 줄줄이 탄생시켰다.

나는 자연에서 원통, 구, 원추를 봅니다. 적절히 배치된 사물의 면과 선은 구심점을 향해 움직입니다.

세잔에 관한 책이 출간되고 그를 보기 위해 엑스를 찾는 사람이 늘어났다. 이들의 방문이 기뻤지만, 인간관계가 서툰 세잔에게는 이들을 맞이하는 것이 쉬운 일은 아니었다.

이번 그림은 세잔의 마지막 연작 주제인 〈목욕하는 사람들Les Grandes Baigneuses〉이다. 남녀 버전이 따로 있으며 이 그림은 세잔이 7년 넘게 공을 들인 여자 버전이다. 그는 이 그림에서 인간과 자연의 조화로운 통일을 보여주고 싶었다. 누구인지 모를 투박한 인물 표현과 무엇을 하는지 불분명한 행동은 특정되지 않은 불멸의 존재를 나타낸다. 그들은 예술적인 목적을 위해 재창조된 추상적인 존재들이다.

1906년 그는 야외에서 그림을 그리다 소나기를 흠뻑 맞아 폐렴에 걸

폴 세잔, 〈목욕하는 사람들〉, 1906, 캔버스에 유채 ⓒ 미국 필라델피아 미술관

려 사망한다. 그의 대규모 회고전이 열렸고 피카소는 이 그림을 보고 충격에 빠졌다. 그리고 곧바로 모티브를 가져와 20세기 최고의 걸작이라 불리는 〈아비뇽의 여인들Les Demoiselles d'Avignon〉(1907)을 그렸다. 피카소는 세잔을 자신의 유일한 스승이라 칭했고 마티스Henri Matisse는 그를 회화의 신이라 불렀다.

세잔은 다양한 색채를 실험적으로 사용함으로써 색채의 해방을 이끌었다. 이는 색채 중심인 야수파에 영향을 끼쳤고, 원근과 시점 파괴는 큐비즘을 탄생시켰다. 더 나아가 그의 말년의 작품들은 추상의 형태를 띠었고 이는 추상 미술의 선구자인 몬드리안Piet Mondrian에게 영향을 끼쳤다. 그렇게 그는 20세기 현대 미술의 아버지가 되었다.

:: 미국, 필라델피아 미술관

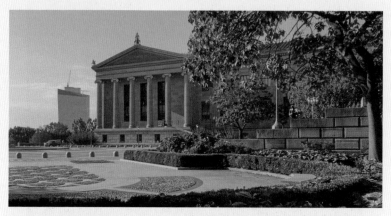

필라델피아 미술관Philadelphia museum of Art은 미국 펜실베이니아주 필라델피아시에 위치한 미술관으로 본관Main Building 외에, 조각 공원Sculpture Garden, 펄먼 빌딩Perelman Building, 로댕 박물관Rodin Museum, 역사관Historic Houses의 별관들로 구성되어 있다. 1876년 건립된 매우 유서 깊은 미술관 중 하나로, 본관에는 미국, 아시아, 유럽 등 세계 도처의 작품들을 소장하고 있으며 마르셀 뒤샹 컬렉션은 세계 최대 규모이다. 또한 세잔, 모네, 드가, 반 고흐, 메리 카사트, 토마스 에이킨스 등 인상주의와 후기 인상주의의 걸작들을 소장하고 있다.

본관 위치: 2600 Benjamin Franklin Parkway, Philadelphia, PA 19130 USA | https://philamuseum.org

제7장

메리 카사트

Mary Stevenson Cassatt, 1844~1926

달라도 너무 다른 두 그림, 그 남자의 잔인한 '밀당'

Mary Stevenson Cassatt

'보는 여자' 메리 카사트

검은 드레스를 입은 여인이 오페라 안경을 들고 관람석에 앉아 뭔가를 보고 있다. 멀리서 그녀를 훔쳐보는 남자가 있다. 오페라는 관심 없고 잿밥에만 사심 가득한 남자. 공연보다는 다른 목적으로 오페라 극장을 찾은 19세기 파리 부르주아 남성의 흔한 모습이다. 옆에 앉은 여인은 일행이 아닌가? 누군가의 앞을 가로막으면서까지 몸을 쑥 빼고 노골적으로 보는 폼이 무례하다. 메리 카사트의 〈오페라 극장에서 검은 옷을 입은 여인Black at the opera(In the Loge)〉 이야기이다. 은근한 풍자가 매력적인 그림이다.

그 시절 남자 화가들이 그린 여자의 모습은 주로 가슴이 파인 드레스에 화려하게 치장하고 관람자에게 '보이는 존재'인데, 메리가 그린 이 여

메리 카사트, 〈오페라 극장에서 검은 옷을 입은 여인〉, 1878, 캔버스에 유채
ⓒ 보스턴 미술관

인은 주체적으로 '보는 존재'이다. 메리는 프랑스 인상파 화가전에 합류한 유일한 미국 출신 화가였다. 마네, 모네, 르누아르, 피사로 등 유명한 인상파 화가들 사이에서 활동한 여성 화가는 단 3명. 마네의 동생과 결혼한 베르트 모리조Berthe Morisot, 동판화가 펠릭스 브라크몽의 아내 마리 브라크몽Marie Bracquemond, 독신녀 메리 카사트. 미술활동이 쉽지 않은 그 시절, 유일하게 화가 남편이나 가족을 두지 않고도 성공한 화가라 할 수 있다. 그럴 수 있었던 동력은 재능과 열정 그리고 경제력이다.

메리와 드가

　메리는 미국 피츠버그 근교 재력가 집안 5남매 중 막내로 태어났다. 그녀 나이 일곱 살 때 당시 상류층 사이 유행이던 유럽 여행을 4년 동안 했다. 그 덕택으로 그녀는 독일어, 프랑스어, 이후에는 스페인어, 이탈리아어까지 4개 국어를 섭렵한다. 11세의 어린 나이에 파리국제박람회에서 본 쿠르베Gustave Courbet의 그림에 깊은 감동을 느낀 메리는 화가가 되리라 마음먹는다.

　하지만 그 결심을 들은 그녀의 아버지는 "차라리 네가 죽는 것이 낫겠다"라며 화가가 되는 것을 반대했다. '자식 이기는 부모 없다.' 그럼에도 15세에 펜실베이니아 아카데미에 입학, 4년간 미술 교육을 받지만 이미 유럽 대가들의 그림을 경험한 그녀의 눈에 진부한 아카데미 교육은 만족스럽지 않았다. 졸업을 앞두고 그녀는 기어이 파리로 간다.

　루브르Louvre에서 작품들을 모사하고 장 레옹 제롬Jean-Léon Gerome에게서 개인 레슨을 받으며 실력을 쌓아갔다. 무명의 화가가 타국에서 이름을 알리거나 자신의 위치를 확인할 수 있는 방법은 '살롱전'에 작품을 내서 당선되는 것뿐이었다.

　그러니 처음 메리는 당선될 만한, 즉 심사위원들의 입맛에 맞는 그림을 그리려 노력했다. 그녀의 작품이 선정되기도 하고 탈락되기도 하면서 그녀는 더는 당선에 연연하지 않게 된다. 외려 "나는 이제 심사위원의 의견 없이도 독자적으로 작업할 수 있다. 나는 누가 과연 진정한 스승인지도 알게 되었다. 마네, 쿠르베, 드가가 바로 그들이며 틀에 박힌 예술은 이제 싫다. 나는 새로 현실을 시작한다"라고 말하며 자신만의 화풍을 찾아간다. 성장한 것이다.

베르트 모리조에게 마네Édouard Manet가 있었다면 메리에게는 드가 Edgar Degas가 있었다. 다음은 메리가 드가의 작품을 처음 접하고 충격에 빠져 친구이자 콜렉터인 헤브마이어Louisine Havemeyer에게 쓴 편지이다.

뷸러바스 오스망 화랑 창문에 전시된 드가의 파스텔화를 처음 보았을 때를 잊을 수가 없어요. 나는 내 코가 납작해질 정도로 창문에 얼굴을 붙이고 그의 작품에 열중했습니다. 그것은 내 인생을 바꿔놨어요. 난 예술을 보았고 곧 나는 내가 본 그것을 원하게 되었습니다.

드가 역시 그녀의 작품 〈코르디에 부인의 초상Portrait of Madame Cordier〉(1874)을 보고 "누군지 몰라도 나와 같은 것을 느끼는 사람이다" 라고 말했다. 작품만 보고도 서로가 서로를 알아본 것이다. 여성 혐오로 널리 알려진 드가는 아이러니하게도 여성 화가들에게 많은 영향과 도움을 주었다. 수잔 발라동Suzanne Valadon의 그림도 매입해주며 그녀가 화가의 길을 갈 수 있도록 스승이 되어주었고 메리와는 죽을 때까지 스승이자 연인, 동지적 관계를 유지한다.

미혼 남녀가 서로의 작품에 경외심을 가지고 때때로 공동 작업도 하며 수많은 시간을 함께 보내면서 어찌 '썸'이라 불릴 만한 일이 없었겠는가? 둘은 사소하거나 심각한 문제로 '멀어졌다 가까워졌다'를 반복하며 드가가 죽을 때까지 40여 년 서로 곁에 남았다.

에드가 드가, (좌) 〈루브르에서 메리 카사트〉, 1879~1880, 종이에 에칭, 드라이포인트, 애쿼틴트 © 브리티시 미술관 | (우) 〈카드를 쥐고 앉아있는 메리 카사트〉, 1880~1884, 캔버스에 유채 © 워싱턴 스미소니언 국립 초상화 박물관

위 두 작품은 드가가 그린 메리의 초상화이다. 왼쪽 그림은 〈루브르에서 메리 카사트Mary Cassatt at the Louvre〉라는 작품으로 그림을 감상하고 있는 메리의 뒷모습을 그렸다. 우산에 기대어 그림을 보고 있는 뒷모습이 소위 '엣지'가 있다. 뒤에 앉아서 전시 도록을 읽고 있는 여자는 언니 리디아Lydia이다.

오른쪽은 〈카드를 쥐고 앉아있는 메리 카사트Mary Cassatt Seated, Holding Cards〉이다. 메리는 이 그림을 매우 부끄러워했다. 오죽하면 판매상에게 이 작품의 모델이 누군지 밝히지 말아달라고 부탁했다.

왼쪽 그림이 4년가량 먼저 그려졌는데 나는 이 그림을 보고 드가가 밀당의 대가이거나 겁쟁이라고 생각했다. 그녀를 세련되게 그렸다가 품위 없이도 그렸다가 '밀고 당기다' 선을 긋는 느낌이랄까? 마치 "다가오지 마, 멀어지지도 마" 하는 것 같다.

따듯하고 사랑스러운, 매우 촉각적인

나이도 비슷하고 집도 가까웠던 베르트와 메리는 둘 다 좋은 집안이고, 인상파에 몸담은 여자 화가라는 공통점으로 통하는 게 많았다. 좋은 경쟁자이자 친구이기도 한 둘은 마네, 드가와 함께 어울리며 때로는 모델이 되어주기도 하고 서로의 작품에 영향을 주고받았다.

메리는 프랑스 인상파 화가들의 작품을 미국에 알리는 데 적극적이었다. 스스로도 많은 작품을 매입했으며 주변의 인맥을 이용해 많은 그림을 미국의 콜렉터들에게 팔아주었다. 그 덕에 그림을 판매한 화가들도 한숨 돌릴 수 있었고 미국의 인상주의도 자연스레 더불어 발달한다. 미국 미술관에 프랑스 인상주의 그림이 많은 까닭이며 이는 전적으로 메리의 공이다. 하지만 메리는 자신의 그림을 홍보하거나 판매하는 데 열을 올리지는 않았다.

당시 여자가 그릴 수 있는 주제는 한정적이었다. 가족 아닌 남자를 모델로 그릴 수 없었고 결혼을 하지 않았으니 남편을 그릴 수도 없었다. 그러니 자연스레 자매들과 조카들이 그림에 등장한다.

자주 모델이 되어주었던 언니 리디아가 병으로 사망하자 큰 슬픔에 빠진 메리는 허전한 마음을 '엄마와 함께 있는 아이' 시리즈를 그리며 달랬다. 1880년대 이후로 그려진 그림의 주제로, 그녀의 대표작으로 알려

진 대부분의 그림들이 이 시기에 그려졌다.

그녀가 그린 일련의 시리즈들은 다른 어느 작가와도 확연히 구별된
다. 굉장히 촉각적이다. 아이의 따뜻한 살결이 닿는 느낌이 든다. 너무나
도 사랑스러운, 그래서 마음이 따뜻해지다가 때론 울컥하게 만드는 작
품들.

유명한 그림들이 많지만 특히 나는 위의 〈엄마와 두 아이Mother And
Two Children〉를 좋아한다. 엄마의 시선은 작은아이를 향해 있고 작은아
이의 시선은 큰아이를 향해 있다. 큰아이의 시선은 작은아이에게 있지만
결코 엄마를 뺏기고 싶지 않은 듯 엄마에게 기대어 엄마를 찜하듯 어깨

에 손을 올리고 있다.

아이 둘을 키워본 사람이면 이 오묘한 삼각관계를 완벽히 이해할 것이다. 내 감정은 큰아이에게 이입된다. 엄마의 사랑을 빼앗긴 아이의 슬픔이 동생을 바라보는 부러운 눈빛으로 나타나 있다. 마음이 찡하다.

메리는 특유의 섬세한 감각으로 사소한 장면 하나하나 놓치지 않고 표현했다. 이즈음 메리는 가보지 않은 길에 대한 후회를 주변 사람들에게 털어놓았다. 결혼과 출산보다는 예술을 택한 후회와 자기연민에 관하여. 하지만 어느 길을 간들 후회 없는 인생이 있겠는가?

메리는 1911년 당뇨와 류머티즘, 신경통, 그리고 백내장 진단을 받게 되었다. 그럼에도 작품을 쉬지 않다가 1914년 거의 장님 판정까지 받고 붓을 놓는다.

그 와중에 여성 참정권 운동에 참여해 11개의 작품전시를 했고 전쟁에 피난 온 벨기에 난민들을 돕는다. 외로움과 우울증, 신경쇠약에 시달렸던 메리는 1926년 당뇨 합병증으로 눈을 감는다.

:: 미국, 보스턴 미술관

보스턴 미술관Museum of Fine Arts, Boston은 미국 매사추세츠주 보스턴시에 있으며 흔히 MFA라 부른다. 미국 건국 100주년을 기념해 1876년 개관되었고 현재 50만 점 가까운 작품을 보유한 세계 최대 규모 미술관에 속한다. 고대 이집트 미술부터 컨템퍼러리 미술까지 작품을 감상할 수 있으며, 전 세계에서 모네 작품을 가장 많이 보유하고 있고 메리 카사트의 컬렉션도 감상할 수 있다.

위치: Avenue of the Arts 465 Huntington Avenue Boston, Massachusetts USA ㅣ
https://www.mfa.org

제8장

일리야 예피모비치 레핀

Илья Ефи́мович Ре́пин, 1844~1930

귀족 말고
뱃사람 그린 화가,
그건 혁명이었다

Илья Ефи́мович Ре́пин

영화 같은 리얼리티와 심리 묘사

행색은 남루하지만 눈빛이 살아있는 남자가 들어온다. 등을 보이고 서 있는 이 남자의 어머니는 놀라움과 반가움에 엉거주춤 일어서고, 흰 앞치마를 두른 하녀는 문을 열어주며 경계하는 눈빛으로 그를 바라본다. 피아노를 치던 아내는 깜짝 놀라 몸을 돌려 바라본다.

그 와중에 아이들의 표정이 압권이다. 아빠를 알아본 소년의 얼굴에는 반가움이 역력하다. 어린 소녀는 너무 어린 나이에 아빠와 헤어진 걸까? 아빠를 기억하지 못하는 듯 무서움에 몸을 웅크리고 두려운 눈빛으로 그를 바라본다. 모두의 시선 한가운데 그가 있다.

마치 영화의 한 장면을 캡처해놓은 듯 드라마틱한 다음 그림은 일리야 예피모비치 레핀의 〈아무도 기다리지 않았다Не ждали〉이다. 유형지에

일리야 레핀, 〈아무도 기다리지 않았다〉, 1884~1888, 캔버스에 유채 ⓒ 모스크바, 트레티야코프 미술관

서 집으로 돌아온 혁명가의 모습을 그린 그림인데 제목부터 뭔가 스토리가 있다.

쥐도 새도 모르게 잡혀가고, 잡혀간 그 안에서 무슨 일이 벌어지는지 모른 채 몇 년의 시간이 흐른 뒤, 갑자기 그가 돌아왔다. 예고 없이 돌아온 가장을 마주하는 가족의 놀람, 또 무슨 일이 벌어질지 모를 두려움, 본능적인 반가움이 뒤엉켜있다. 돌아온 그의 표정과 번뜩이는 눈빛은 굴하지 않는 당당함, 그리고 혁명가로서의 신념이 무너지지 않았음을 보여준다.

레핀은 몸동작과 표정을 통한 심리묘사의 달인이다. 그의 작품을 보고 나면 웬만한 작품은 눈에 들어오지 않을 만큼 에너지가 세다.

레핀은 우크라이나의 작은 도시 츄구예프Чугуеве에서 태어났다. 그림에 탁월한 재능을 보인 그는 이콘 화가(교회에 색을 칠하고 형상을 그리는 화가)인 부나코프И. М. Бунакову의 견습생이 된다. 당시 나이 15세였다. 이런 경험을 바탕으로 그는 회고록에 이렇게 썼다.

예술이란 대중이 쉽게 접하고 이해할 수 있어야 하며, 예술가는 대중과 직접 대면해야 하는 것이다.

종교화와 초상화로 돈을 모은 그는 1863년 황립예술아카데미Императорская Академия художеств에 입학하기 위해 상트페테르부르크에 입성한다. 다음 해에 입학에 성공한 그는 그곳에서 평생의 스승인 이반 크람스코이Ивáн Николáевич Крамскóй를 만난다. "화가는 사회현상의 비평가라네. 사회의 중요한 면들을 표현해야 하지." 크람스코이는 예술의 사회적 책임에 대해 그에게 이렇게 각인시켰다.

아카데미는 신화나 성서 이야기 같은 주제를 그릴 것을 요구했다. 레핀은 그들의 요구에 따르는 한편, 자신의 삶을 기반으로 한 통찰이 담긴 작품들도 그렸다. 1871년 성서를 주제로 한 〈야이로의 딸의 부활Воскрешение дочери Иаира〉을 그려 콩쿠르에서 금메달 획득, 6년 동안 유럽을 여행할 수 있는 국비 유학생이 되었다. 유학에 앞서 그는 화가로서 명성을 가져온 역사적인 작품을 그리게 된다.

햇살이 좋은 어느 날, 레핀은 친구들과 배를 타러 네바강Heвa에 갔다. 화려한 별장들, 우아한 원피스를 입은 여인들, 단정한 학생들의 제복 사이로 낡은 옷을 입고 해안을 배회하는 뱃사람 무리를 보았다. 그의 표현대로라면 옷감의 색을 구별할 수도 없이 썩은 옷을 입고 굵은 밧줄이 묶인, 맨 가슴은 벗겨진 채 태양에 그을려 갈색으로 변한 사람들.

아름다운 강가와 대조적인 이 장면에 깊은 인상을 받은 그는 진짜 뱃사람들을 찾아 볼가강Вóлга으로 갔다. 2년여 동안 그들과 함께 지내면서 무거운 짐을 끄는 인간의 몸에 대해 연구를 거듭하며 많은 스케치를 했다. 마침내 등장인물 누구도 소외되지 않게, 즉 인물 하나하나를 관람객의 시선에서 놓치지 않는 대각선 구도로 그려진 〈볼가강의 뱃사람들Бурлаки на Волге〉이 탄생했다.

레핀의 〈뱃사람〉에 대한 기사를 신문에서 읽었다. 놀라움이 엄습했다. 주제 자체도 충격적이다. 상층 계급이 민중에게 많은 빚을 지고 있다는 우리 사회의 통념을 뱃사람을 주제로 표현하는 것은 허용이 될까. (…) 다행히도, 그것은 기우였다. 뱃사람은 뱃사람일 뿐, 다른 그 무엇도 아니었다. 그림 속의 그 누구도 관람객을 향해 "이것 보시오, 나는 불행하오. 당신은 민중에게 빚을 지고 있소!"라고 소리치지 않는다. 이것은 화가의 위대한 업적으로 기록될 것이다. – 도스토예프스키

강렬하고 충격적이다. 예술의 사회적 책임에 충실한 사회주의 리얼리즘이란 이런 것. 배를 끌며 살아가는 모습 그대로를 보여주지만 관람객

일리야 레핀, 〈볼가강의 뱃사람들〉, 1870~1873, 캔버스에 유채 ⓒ 국립러시아박물관

은 이들의 생명력에서 어마어마한 민중의 힘을 느낀다. 그의 그림을 보고 있자면 가슴속에서 뜨거운 뭔가가 솟구친다. 이렇게 살아가는 사람들이 그림 속 이야기만은 아니다. 시대를 넘어 현실을 비추는 그림.

1873년 그의 국비 유럽 여행이 시작되었다. 〈볼가강의 뱃사람들〉이 전시돼 큰 성공을 거둔 빈Wien을 필두로 베네치아Venezia, 로마Roma를 거쳐 파리 몽마르트르Montmartre에 둥지를 틀었다. 당시 파리는 인상주의가 한창 꽃을 피우던 시기였다.

레핀은 자유롭고 아름다운 파리에 마음을 빼앗긴다. 마네풍의 그림을 그려보기도 하고 인상주의를 받아들여 '예술을 위한 예술'을 표현하는 데도 즐거움을 느꼈다. 그의 생각을 담은 편지에 스승인 크람스코이는 우려를 표명했다.

이해할 수 없소. (…) 당신에게는 예술에 관한 아주 강한 신념과 민중적인 색채가 있다고 생각했는데 (…) 우크라이나인의 피가 흐르는 사람은 (…) 거의 원시 기관과 같이 육중하고 강력한 것을 잘 그릴 수 있다고 생각했소. - 크람스코이의 편지

제 기억으로는, 제가 원시 기관만을 그리겠다고 맹세한 적은 결코 없습니다. 아니요, 저는 제게 감동을 주었던 모든 것을 그리고 싶습니다.
- 레핀의 답장

레핀은 창작의 자유를 누리고 보다 넓은 주제를 다루고자 했다. 그에게 주제의 연속성과 일관성이 없다고 비난하는 사람들을 향해 "옳은 것도 정당한 것도 좋다. 그러나 자신을 잃지 않는다. 나는 다양한 것을 좋아한다"며 일축했다.

1876년 아직 여행 유효기간이 남은 상태에서 그는 돌연 귀국한다. 파리에서의 경험은 신선한 자극이 되었지만 그 즐거움은 오래가지 못했다. 외려 자신의 화풍을 더 견고히 하는 계기가 되었다.

고향으로 돌아온 그는 '예술을 위한 예술'보다는 현 시대를 표현하는 그림에 자신의 재능을 쓰기로 마음먹는다. 러시아적인 가치를 둔 작품들과 습작들을 그리며 전열을 가다듬은 뒤, 당시 러시아를 휩쓸고 있는 변화의 물결, 즉 농노제 폐지에 대한 민중들의 열망을 담은 〈쿠르크스 지방의 십자가 행렬Крестный ход в Курской губернии〉(1883)이라는 걸작을 탄생시켰다.

이후 혁명가들을 표현한 〈선동자의 체포Арест пропагандиста〉 (1880~1892), 〈고해를 거절하다Отказ от исповеди〉(1879~1885) 그리고 혁명의 테마 중 백미로 꼽히는 〈아무도 기다리지 않았다〉와 같은 역작들이 줄줄이 나왔다. 하나같이 눈을 뗄 수 없는 걸작들이다. 레핀은 대상자의 심리묘사를 통해 관람자의 마음까지 통째로 흔들어버린다.

혁명가들의 화가

그의 이런 작품들이 이동파 전시에 합류되면서 이동파 전시는 문전성시를 이룬다. 당시 전시는 아카데미 전시가 주류를 이룬 가운데 이동파 전시가 혜성과 같이 나타났다. 아카데미 전시의 주제가 성서나 신화이고 전시도 대도시에서 이뤄진 반면, 이동파 전시는 현실을 주제로 했고 대도시뿐만 아니라 중소지방에서도 볼 수 있는 큰 장점을 지녔다. 그들의 이름이 '이동파wanderers'가 된 이유이다. 1882년 레핀이 이동파에 합류한 사실은 큰 반향을 불러일으켰다. 많은 사람이 그의 그림을 마주할 기회를 가졌기 때문이다.

레핀은 또한 초상화의 대가이다. 톨스토이Толстой, 투르게네프Тургéнев 같은 문학가, 스타소프Стáсов 같은 예술 비평가, 작곡가 림스키-코르사코프Римский-Корсаков, 작곡가 무소륵스키Мýсоргский 등 러시아 문화계를 이끈 엘리트들의 초상화를 그렸다. 이 중에서 가장 유명하고 인상적인 그림 중 하나가 〈무소륵스키의 초상화Портрет композитора М. П. Мусор-

일리야 레핀, 〈무소륵스키의 초상〉, 1881, 캔버스에 유채 © 모
스크바 트레티야코프 미술관

гского〉이다.

무소륵스키는 독창적인 재능으로 서유럽 사람들이 러시아 음악에 관
심을 두게 만든 위대한 음악가이다. 그런 엘리트의 모습치고는 뭔가 이
상하다. 이 그림은 무소륵스키가 모든 걸 잃고 알코올 중독에 빠져 군
부대 정신병원에 입원했을 때의 모습이다.

친구였던 레핀은 이 소식을 듣고 병원으로 달려가 그의 마지막 모습
을 그렸다. 그의 모습이 밖으로 튀어 나올 듯이 큰 이유는 병실이 매우
좁았기 때문이다. 캔버스 바로 앞에 앉아있는 그를 그리다 보니 인물이
닿을 듯 가깝게 느껴진다. 레핀은 나흘 동안 그를 그렸고, 작업이 끝난

지 이틀 만에 무소륵스키는 사망한다.

헝클어진 머리, 지저분한 수염, 환자복 위에 걸친 가운, 술에 쩐 붉은 코, 광기 서린 눈동자. 제도에 저항하다가 몰락한 위대한 작곡가를 이보다 더 선연히 표현할 수 있을까? 이 그림은 오랫동안 무소륵스키의 이미지로 통용되었다.

레핀은 러시아 국가의회 100주년 기념초상화를 의뢰받는다. 러시아 화가로서 가장 명예로운 순간이다. 크기가 가로 9m에 달하는 대작, 〈국가의회 창립 기념Юбилейное заседание государственного совета〉(1903)을 그렸다. 창립 100주년 기념으로 1901년 5월 7일에 열린 의회 장면을 그린 후 레핀은 오른손 관절을 쓸 수 없게 된다. 사실상 거장으로서 마침표를 찍게 만든 작품이다.

혁명의 소용돌이 속에 레핀은 러시아를 떠나 말년을 핀란드의 작은 마을에서 보내고 86세의 나이에 눈을 감는다. 레핀이 살았던 핀란드 쿄칼라Kyokkala 마을은 그의 예술적 업적을 기념해 이름을 '레피노'로 개칭했다.

Museum Trip

:: 러시아, 트레티야코프 미술관

트레티야코프 미술관Tretyakov Gallery은 모스크바에 위치한 러시아의 대표적인 미술관이다. 1856년 트레티야코프라는 미술 수집가의 수집품에서 시작된 이 미술관은 1918년 국유화되었다. 11세기부터 20세기까지 13만 점 이상의 작품을 소장하고 있다. 본관 외에도 뉴트레티야코프 미술관New Tretyakov Gallery, 하우스 뮤지엄House Museum이 있어서 21세기 작품도 관람할 수 있다.

본관 위치: Moscow, Lavrushinsky Lane, 119017 Russia | https://www.tretyakovgallery.ru

제9장

빈센트 반 고흐

Vincent Willem van Gogh, 1853~1890

너무 적나라한 그림,
이걸 반 고흐가 그렸다니

Vincent Willem van Gogh

나막신을 신고라도 어떻게든 살려고

작은 램프 하나가 어두운 주방을 밝히고 있다. 그 아래 둘러앉은 가족들. 가구도 장식도 하나 없는 빈 벽. 유리창 밖으로 깜깜한 어둠인 것을 보니 저녁 시간. 모두 퀭한 얼굴에 울퉁불퉁한 손, 낡은 머릿수건과 모자를 쓰고 남루한 옷차림에 식탁에 차려진 메뉴는 단 하나. 가족들의 시선은 모두 제각각인 채 묘한 신성함과 경건함이 흐른다. 음식에서 올라온 김이 환한 아이의 얼굴에 반사되어 흩어지며, 그 온기가 어둡고 차가운 그림을 데운다. 전체적으로 가난이 묻어나는, 빈센트 반 고흐의 〈감자 먹는 사람들De Aardappeleters〉 이야기이다.

이 작품은 고흐의 초기작 중 가장 널리 알려진 명작이다. 이 시기에 고흐는 농민들의 생활 속에서 강한 아름다움과 생명력을 느꼈다. 그 때

빈센트 반 고흐, 〈감자 먹는 사람들〉, 1885, 캔버스에 수채 ⓒ 암스테르담 반 고흐 미술관

문에 자신을 농민 화가라 칭하며 장 프랑수아 밀레Jean-François Millet의 그림을 모사하거나 〈땅을 파는 농부Bäuerin beim Umgraben〉(1885), 〈이삭 줍는 농부의 아낙Peasant Woman Gleaning〉(1885)과 같은 농촌의 실상을 그렸다.

　아름다운 인상주의 작품들이 활개를 치던 시대에 이런 어두운 그림은 인기가 없었다. 밀레는 자신의 그림에 무관심한 사람들에게 "그런 무관심은 내가 비싼 구두나 신사의 생활이 필요하다면 나쁘겠지만 나는 나막신을 신고 어떻게든 살아갈 것이다"라고 자신의 예술에 대해 소신 발언을 했고, 고흐는 그 말에 깊은 감명을 받았다. 그러던 중 어느 날 고흐는 이웃에 사는 농부의 집을 방문하고 그때 다섯 식구가 모여 앉아 뜨거운 감자로 저녁 식사하는 것을 보았다. 그는 이 장면을 보며 명작의 탄생을 예감했다.

나막신을 신고라도 어떻게든 살아갈 마음을 먹은 고흐는 이 작품을 위해 각자의 인물과 손 모양을 수없이 연습했다. 그리고 마침내 인물의 얼굴이 먼저 완성되었고 그에 맞춰 둘러앉은 모양을 그렸다. 그러다 보니 어딘가 모르게 인물의 동작들이 서로 연결되지 않았고, 지나치게 과장된 손의 형태나 비정상적으로 긴 팔 때문에 동료 화가들에게 비판을 받았다. 하지만 고흐 자신은 당시까지 작품 중에서 이 작품이야말로 최고임을 자부하고 있었다. 그래서 "이스라엘스Jozef Israels나 들라크루아 Eugène Delacroix도 아카데미의 눈으로 보면 틀린 게 많다"라며 이는 의도적인 과장임을 밝혔다.

내가 강조하고 싶은 것은 등잔불 아래에서 감자를 먹는 사람들이 그릇에 대고 있는 바로 그 손으로 땅을 판다는 점이야. 즉, 그들은 육체노동으로 정직하게 먹을 것을 번다는 것이지. 내 인물들이 올바르게 그려졌다면 오히려 실망했을 거라고(…) 나는 아카데미처럼 그리고 싶지 않았어. (…) 미켈란젤로의 인물들은 다리가 엄청나게 길고 골반과 엉덩이가 지나치게 크지만 나는 그 인물들에게 감탄한다. 밀레와 레옹-오귀스탱 레르미트는 사물을 있는 그대로 그리지 않았기 때문에 진짜 화가였다. 그들은 사물을 분석하지 않고 느꼈던 거다. 그런 실수, 일탈, 개조야말로 내가 몹시 배우고 싶은 것이다. (…) 물론 거짓이라 할 수도 있겠지만 그것은 사실적인 진실보다 더 진실하다." - 동생 테오에게 보낸 편지.

다른 작품들과는 달리 고흐는 이 작품의 완벽한 감상을 위한 조건도 명시했다. 반드시 황금색 액자에 넣거나 그런 색깔을 칠한 벽 위에 걸어 놓을 것. 그림이 금색과 결합해야 생각지도 못한 부분에 밝음이 부여되고 그림에 생기가 부여된다. 만일 어두운 색 배경에 그림을 두면 그림임을 알 수조차 없을 수 있고 그런 상황이면 그림을 완벽하게 감상할 수 없다고 강조했다.

설교 대신 붓을 들다

빈센트 반 고흐는 1853년 3월 30일 네덜란드의 브라반트 북부 준데르트Zundert에서 태어났다. 목사인 아버지와 아마추어 화가인 어머니 사이 네 살 터울의 남동생 테오Theo van Gogh와 네 명의 동생이 있었다. 고흐가 태어나기 정확히 1년 전인 1852년 3월 30일 형인 빈센트가 태어났으나 곧 사망하고 그는 죽은 형의 이름을 그대로 물려받았다.

고흐는 초등교육을 마치고 열한 살에 집을 떠나 기숙학교에서 수학하며 영어, 프랑스어, 독일어뿐 아니라 처음으로 미술을 공부했다. 15세에 형편이 어려워지자 학교를 나와 다음 해에 헤이그Hague에 있는 구필화랑 Goupil & Cie에 취직한다. 고흐의 집안은 대가족이며 삼촌 셋은 모두 화상이었다. 구필화랑은 센트Cent 삼촌이 운영하는 규모가 큰 화랑으로 런던, 파리, 브뤼셀 등 여러 지점이 있었다. 고흐는 스무 살이 되는 4년 동안 이곳에서 성실하게 일했다.

화랑에서 일하며 고흐는 많은 명작과 그 복제품을 보았다. 자연스레 그림에 대한 안목이 생겨났고 지식도 늘어갔다. 고흐는 흙냄새가 가득 풍기는 프랑스 바르비종파Barbizon School의 그림을 무척 좋아했는데, 바르비종파의 대표적인 화가가 바로 밀레였다.

1872년 동생 테오가 브뤼셀 구필화랑에 취직하게 되면서 고흐와 테오의 서신 교류가 시작되었다. 이후 두 형제는 고흐가 죽을 때까지 18년 동안 총 668통의 편지를 주고받았는데, 이 내용은 후대에 고흐와 그의 작품을 이해하는 기반이 되었다.

다음 해 고흐는 구필화랑 런던 지점으로 발령이 났다. 검소하고 무탈하게 생활하던 고흐에게 첫 번째 시련이 왔다. 하숙집 딸인 외제니 로여 Eugénie Loyer를 짝사랑한 것이다. 이미 약혼자가 있던 로여는 고흐의 구애를 거절했고 고흐는 무력감에 빠졌다. 일에도 흥미가 떨어져 결국 런던에서 쫓겨나 파리 지점으로 간다. 고흐는 점점 종교에 심취했고 "잘 살기 위해서는 자신을 희생해야 한다"라는 문구가 담긴 종교학자 에르네스트 르낭Joseph Ernest Renan의 책에 감화된다.

고흐는 가난한 사람들과 함께하며 그들을 위해 살고 싶은 열망에 사로잡혔다. 목사가 되기 위해 준비했고 여의치 않자 벨기에에서 가장 열악한 보리나주Borinage 탄광촌으로 가서 전도사의 길을 준비하기도 했다. 하지만 모두 뜻대로 되지 않았다. 그러던 중 무거운 석탄 자루를 이고 지고 힘겹게 걸어오는 사람들을 보며 문득 깨달았다. 저들의 비참한 모습을 그려야겠다고 말이다. 그는 마침내 설교 대신 붓을 들었다. 1880년, 그의 나이 27세였다.

거리의 여인과 사랑에 빠지다

고흐의 그림을 본 테오는 형의 그림이 범상치 않음을 간파했다. 테오의 권유로 브뤼셀에 있는 미술학교에 잠깐 다니다 고향으로 돌아온 고흐는 밀레의 그림 복사본을 모사하며 스스로 터득해 나갔다. 이후 집을 나와 그의 사촌인 화가 안톤 마우베Anton Mauve에게 그림을 배우지만 이내 또 뛰쳐나왔다. 미술학교도 안톤 마우베의 가르침도 틀에 박혀 견딜 수 없었다.

빈센트 반 고흐, 〈슬픔〉, 1882, 연필, 펜, 잉크로 드로잉 ⓒ 영국 월솔(Walsall) 미술관

1882년, 고흐는 거리의 여인과 사랑에 빠졌다. 이름이 후르닉Christine Clasina Maria Hoornik이라고 하는 그녀를 고흐는 시엔Sien이라 불렀다. 서로에게 연민의 정을 느낀 둘은 서로의 상처를 보듬었다. 시엔에게는 딸이 있었고 배 속에 아이가 있는 상태로 고흐를 만났다. 이 시절 고흐는 행복했다. 아이들의 모습을 그렸고 시엔을 모델로 많은 작품을 남겼다.

하지만 가난은 이들의 사랑을 허락하지 않았다. 테오가 보내준 돈으로 물감을 사고 태어난 아이까지 네 식구가 살아야 하니 마른 빵 한 조각도 구하기 힘든 날들이 이어졌다. 이 사실을 알게 된 고흐의 가족들은 펄쩍 뛰었으며 화가 난 테오도 경제적 지원을 끊으려 했다. 설상가상 시엔의 가족들도 그를 팔아 돈을 벌 목적으로 그를 거리로 내몰았다. 결국, 시엔은 다시 거리로 나갔고, 시엔과 헤어진 고흐는 절망에 빠졌다.

고흐가 시엔을 처음 만났을 때 그녀를 모델로 그린 누드화가 바로 〈슬픔Sorrow〉이다. 고흐의 눈에 비친 시엔의 모습이 이러했으리라. 머리를 숙여 팔에 기댄 채 웅크린 여인의 모습은 보는 그대로 슬픔 그 자체다. 그를 위로하듯 피어있는 작은 들꽃마저도 슬픔의 무게를 이기지 못하고 고개를 숙이고 있다. 시엔은 마른 몸에 임신 때문에 아랫배만 불룩하다. 고흐는 소묘의 맨 마지막에 프랑스 역사학자 미슐레Jules Michelet의 글을 인용해 이렇게 썼다. "어떻게 이 지상에서 한 여인이 홀로 버림받아야 하나?"

이별의 상처가 아물던 무렵

집 떠난 지 2년 만인 1883년, 고흐는 다시 누에넨Nuenen에 있는 집으로 돌아왔다. 이별의 상처를 잊으려 더 악착같이 그림에 매진했다. 냉랭했던 가족들도 차츰 고흐에게 마음의 문을 열었다. 바로 그 누에넨에서 탄생한 명작이 〈감자 먹는 사람들〉이다. 이 작품은 많은 습작 외에도 형태가 비슷한 완성품 세 점이 더 있다. 그만큼 애착이 컸다는 의미일 수 있다. 작품이 완성되고 얼마 후 돌연 고흐의 아버지 테오도루스 반 고흐Theodorus van Gogh 목사가 사망했다. 슬픔 속에서 아버지 장례를 치르고 그를 생각하며 〈성경이 있는 정물화Stilleven met bijbel〉를 포함해 몇 점의 정물화를 그렸다.

가까스로 마음을 잡아갈 무렵 마을에 이상한 소문이 돌았다. 고흐에게 가끔 모델이 되어주었던 가톨릭교도였던 젊은 여인 호르트가 임신을한 것이다. 호르트는 〈감자 먹는 사람들〉에 나오는 왼쪽에서 두 번째, 머리에 수건을 쓴 여인이다. 사실 그 여인은 자신의 사촌과 사랑에 빠져아이를 가졌는데 사람들은 고흐를 의심했다. 얼마 전 고흐의 옆집에 살던 열두 살 연상의 마르호트 베헤만Margot Begemann이 고흐와 서로 연정을 품었다가 가족들의 반대에 부딪히자 음독자살을 시도했다. 다행히목숨은 건졌으나 이것이 구설수가 되었고 그를 용의자로 지목한 원인이되었다.

고흐는 완강히 부인했으나 지역 성직자들은 그에게 "지체가 낮은 사람들과 친하게 지내지 말라"고 경고했다. 그리고 가톨릭교도들에게 고흐의 모델이 되지 말 것을 강요했다. 심지어 모델을 거부하면 돈을 주겠다고도 했다. 그러니 고흐는 더는 그곳에서 모델을 구할 수 없었다. 할수 없이 정물화만 그리던 그는 집을 떠나 안트베르펜Antwerpen으로 가서3개월을 머문 후 드디어 1886년 2월 27일, 파리행 야간열차에 올라탔다.그리고 그는 다시는 고향인 네덜란드로 돌아오지 않았다.

파리에서 시작된 인생 제2막

두 손을 가지런히 모은 노년의 남자가 눈을 살짝 내리고 앉아있다.

반 고흐, 〈탕기 영감의 초상〉, 1887, 캔버스에 유채 ⓒ 파리, 로댕 미술관

무슨 상념에 잠긴 것인지 눈빛이 깊고 고요하다. 색채가 현란한 우키요에를 배경으로 외투를 단정히 입은 노인을 그린 위 그림은 빈센트 반 고흐의 〈탕기 영감의 초상Le Père Tanguy〉이다.

파리로 건너온 고흐는 테오의 아파트에서 짐을 풀고는 그다음 날부터 그림을 그리기 시작하는데, 첫 작품이 자화상이다. 이 역사적인 순간, 자신의 모습을 기록하고 싶었던 모양이다. 고흐는 일생 36점의 자화상을 남겼는데 27점이 파리에서 그려졌다. 그는 파리 화단의 지도자 중 하나였던 코르몽Fernand Cormon이 연 몽마르트르의 아틀리에에 다니며 데 생을 공부한다. 결국, 3개월 다니고 말았지만, 그곳에서 그는 그가 그토 록 원했던 '화가 친구'를 만나는데, 바로 에밀 베르나르Emile Bernard와 툴루즈 로트레크Henri de Toulouse-Lautrec였다.

고흐는 앙데팡당전Salon des Independants에 전시된 쇠라Georges-Pierre Seurat의 〈그랑드자트섬의 일요일 오후Un dimanche après-midi à l'Île de la Grande Jatte〉를 보고 충격을 받았다. 이 작품은 점묘법으로 그려졌는데, 점묘법이란 팔레트 위에서 색을 섞지 않고 순색을 캔버스에 점 찍듯이 찍 어 그려내는 기법을 말한다. 이렇게 그린 그림은 물감을 혼합하는 전통 적인 방식보다 더 순수하고 강렬한 색을 표현할 수 있다. 쇠라의 이 작 품이 전시되었을 때 파리의 평론가 펠릭스 페네옹Félix Fénéon은 이를 두 고 신인상주의라고 명명했다. 그렇게 파리는 인상주의와 신인상주의의 교차가 이뤄지고 있었다.

그 시절 고흐는 일본 판화인 우키요에浮世繪에 심취했다. 우키요에란 17세기에서 20세기 초, 일본의 에도시대에 유행했던 전통 판화로 '떠다 니는 세상의 그림', 즉 당시의 이모저모를 그린 그림이라는 뜻이다. 그는 우키요에를 무작정 따라 그리거나 그림 속에 넣기도 했는데 바로 〈탕기 영감의 초상〉에서 했던 방식이다. 이렇게 고흐의 그림은 인상주의에 신 인상주의, 우키요에에 기반을 둔 일본풍 양식이 통합되면서 독특한 화 풍을 만들어갔다.

영혼의 단짝 테오와의 불화

테오와 함께 지내게 된 고흐는 새로운 예술에 대해 마음껏 토론할 수 있어서 행복했다. 그러나 테오는 날이 갈수록 지쳤다. 매일 과도한 업무에 시달리고 집에 돌아온 테오에게 고흐는 독자적인 예술론을 펼치느라 쉴 틈을 주지 않았다. 게다가 집에 온 손님들과도 예술적 논쟁을 벌이다가 번번이 싸움으로 번지는 바람에 더는 찾는 사람이 없는 지경이 되었다.

나 역시 집으로 돌아왔을 때만큼은 마음 편히 쉬고 싶은데 형은 잠시도 나를 내버려두질 않아. 더는 못 참겠으니 아예 여기서 나가 줬으면 좋겠어. (…) 형 속에는 서로 완전히 다른 두 사람이 들어있어. 한 사람은 드문 재능을 가진 진정한 예술가이고 또 한 사람은 이기적이고 무정한 인간. 이들 두 사람이 번갈아가며 내게 말을 걸어오니까 듣는 사람으로서는 견딜 수가 없어. (…) 게다가 나도 형을 지원하는 일을 그만둘까 했던 적이 한두 번이 아니야. 하지만 형은 예술가야. 그것도 아주 드문 재능을 가진 예술가. 그런 형을 모른 척한다는 것은 화상으로서 한 사람의 성실한 인간의 의무를 이행하지 않는 것이 돼. 형은 반드시 후세에 길이 남을 멋진 작품을 만들게 될 거야. - 테오가 여동생에게 보낸 편지 중

형의 예술성을 높이 사면서도 그의 괴팍함에 괴로움을 어쩌지 못하는 테오의 인간적인 갈등이 잘 나타나 있는 편지이다. 고흐는 그 시절 테오

의 화랑에서 그의 소개로 고갱Paul Gauguin을 만났다. 고갱은 고흐보다 다섯 살 연상이고 증권거래소에서 일하다가 주식시장이 붕괴되자 서른다섯에 뒤늦게 자신의 재능을 찾아 작품 활동에 뛰어든 화가였다.

내성적인 고흐는 그 외향적이고 이지적인 멋쟁이 화가에게 호감을 품었다. 한편 고갱은 화상인 테오의 도움이 필요한 터라 마지못해 고흐를 상대했으니, 시작부터 어긋난 만남은 끝내 파국으로 치달았다.

테오에게 결혼할 여자가 생겼다. 고흐는 알코올도수 70도를 넘나드는 압생트를 너무 마신 탓에 건강이 나빠졌고, 그림조차 팔리지 않자 초조해져 파리를 떠나 남쪽 아를Arles로 향했다. 네덜란드 시골 마을 출신인 그에게 마음의 안정을 위해서는 춥고 음습한 도시보다는 남부 프랑스의 따뜻함과 자연이 절실했다.

그가 떠나기 전 탕기Julien François Tanguy에게 선물한 그림이 바로 〈탕기 영감의 초상〉이다. 탕기는 재능 있는 가난한 화가들에게 돈 대신 그림을 받고 물감이나 화구들을 지원해주는 화상이었다. 가난한 무명의 화가들에게 아버지 같은 존재였다. 탕기는 특히 고흐의 열렬한 지지자였고 이후 고흐가 자살했을 때 장례를 지원하고 장례식에 참가한 몇 안 되는 사람 중 하나였다. 이후 탕기가 사망하자 조각가 로댕François-Auguste-René Rodin이 그 그림을 탕기의 딸로부터 매입해 현재 로댕 미술관에서 전시하고 있다.

1888년, 아를로 간 고흐는 노란집에 머물며 화가 공동체를 만들기로 했다. 에밀 베르나르Emile Bernard를 포함 몇몇 화가에게 의견을 타진했으나 모두 거절했고 이에 응한 유일한 화가가 고갱이다. 고갱은 자신의 빚을 청산해주고 앞으로 자신의 그림을 팔아줄 테오와의 거래로 아를에 갔지만 이를 모르는 고흐는 고갱이 올 날만을 손꼽아 기다렸다. 자신의 방은 초라했지만, 고갱을 위해 비싸고 안락한 가구를 샀으며 아를의 공원을 그린 작품에 〈시인의 정원The Poet's Garden〉(1888)이라는 제목을 붙이고 고갱의 방 한가운데 걸었다. 물론 해바라기 연작도 고갱의 방을 꾸밀 목적으로 그렸고 고갱의 방 벽에 걸었다.

결국 자신의 귀를 자르다

그토록 기다리던 고갱이 왔다. 둘은 날이 좋으면 함께 밖으로 나가 그림을 그렸고 흐린 날이면 같은 주제를 놓고 그림을 그리며 서로 영향을 주고받았다. 하지만 두 사람은 같이 지내기에는 개성이 너무 강해 금세

(좌) 반 고흐, 〈아를의 연인: 책과 함께 마담 지누〉, 1888, 캔버스에 유채 ⓒ 뉴욕, 메트로폴리탄 미술관 | (우) 폴 고갱, 〈아를의 야간 카페: 마담 지누〉, 1888, 캔버스에 유채 ⓒ 모스크바, 푸시킨 미술관

삐걱거렸다. 하루는 카페 주인인 지누 부인Madame Ginoux의 초상화를 동시에 그렸는데 '같은 모델, 다른 느낌'으로 인해 서로의 작품을 비난하는 일이 발생했다.

앞쪽 그림에서 왼쪽은 고흐가 그린 지누 부인이고 오른쪽은 고갱이 그린 지누 부인이다. 고흐는 지누 부인을 천박하게 그렸다고 고갱에게 화를 냈고 고갱은 술집 여자를 고상한 척 그렸다며 고흐에게 분노했다. 하지만 이렇게 쉽게 공동생활이 끝나리란 것을 고흐는 예상하지 못하고 의자 두 개를 나란히 그리는데 바로 〈반 고흐의 의자Vincent's Chair with His Pipe〉와 〈고갱의 의자De stoel van Gauguin〉다. 나는 왜 이 그림에 이렇게 울컥하는지 모르겠다.

왼쪽이 〈반 고흐의 의자〉 오른쪽이 〈고갱의 의자〉다. 고흐의 의자는

반 고흐, (좌) 〈반 고흐의 의자〉, 1888, 캔버스에 유채 ⓒ 런던, 내셔널 갤러리 | (우) 〈고갱의 의자〉, 1888 캔버스에 유채 ⓒ 암스테르담, 반 고흐 미술관

고갱, 〈해바라기를 그리는 반 고흐〉, 1888, 황마에 유채 © 암스테르담, 반 고흐 미술관

카펫도, 팔걸이도 없는 초라한 나무 의자다. 의자 위에는 담배쌈지와 그의 자화상에 자주 등장하는 파이프가 놓였다. 고갱의 것은 팔걸이가 있는 고급스러운 의자이며 바닥에는 카펫이 깔려있고 의자 위에는 계몽과 지식을 상징하는 촛불과 책이 놓였다. 고흐는 무슨 생각을 하며 이 두 개의 의자를 그렸을까? 두 의자는 마치 각각의 초상화처럼 초라한 자신과 세련돼 보이는 고갱의 모습을 재현한 듯하다.

고갱은 이때 고흐의 초상화를 그렸는데 〈해바라기를 그리는 빈센트 Van Gogh peignant des tournesols〉라는 그림이다. 그림 속 고흐는 술에 취해 눈이 거의 감긴 상태이며 해바라기는 잎이 다 떨어져 흉측하다. 고흐는 자신을 광기에 사로잡힌 미치광이로 표현한 것에 격노해 들고 있던 술잔을 고갱에게 던졌다. 아를에 온 지 두 달 만에 고갱은 고흐를 견딜 수 없어서 아를을 떠나려 했고 혼자 남겨질 것에 불안한 고흐는 자신의 귀를 잘랐다. 고갱은 떠났고 아를의 정신요양원에 입원한 고흐는 2주 후에 다시 노란집으로 돌아왔다. 고흐는 오자마자 귀에 붕대를 감은 자화상을 그렸고 테오에게 편지를 쓴다.

내가 미치지 않았다면 처음 그림을 시작할 때부터 약속해온 그림을 너한테 보낼 것이다. 네가 보내준 돈은 꼭 갚겠다. 안 되면 내 영혼을 주겠다.

노란집에서 그림을 그리던 고흐는 또다시 발작을 일으켰고 지역주민들의 탄원으로 '노란집'은 경찰에 의해 폐쇄되었다. 자신과 가까웠던 사람들이 탄원서에 사인한 것을 안 고흐는 절망했다. 아무에게도 이해받지 못한 존재가 되자 고흐는 생레미Saint-Rémy-de-Provence의 정신요양원에 제 발로 들어간다. 그리고 그런 절망의 끝에서 구원을 갈망하듯 〈별이 빛나는 밤The Starry Night〉(1889)을 탄생시켰다.

그 무렵 벨기에 브뤼셀에서 열린 제18회 20세기 그룹전Les XX에 피사로, 로트레크, 고갱 등과 함께 고흐의 그림이 초청받았다. 이때 고흐의 〈붉은 포도밭The Red Vineyard〉(1888)이 400프랑에 팔렸다. 그의 생애 최초이자 마지막으로 판매된 작품이다.

성공이 눈앞까지 왔는데…

몇 달 후, 파리에서 앙데팡당전이 열렸고 고흐도 이 전시에 초청받아

10점의 그림을 출품했다. 대중들이 그의 작품에 관심을 보이기 시작했고 동료 화가들도 그의 그림에 찬사를 보냈다. 그토록 기다리던 성공이 눈앞에 보이는 듯했다. 이때 테오는 의사인 가셰 박사Dr. Gachet를 알게 되고 고흐를 가셰 박사가 있는 오베르 쉬르 우아즈Auvers-sur-Oise로 옮긴다. 오베르로 거처를 옮긴 고흐는 미친 듯이 그림을 그렸다. 70일 머무는 동안 80여 점의 그림을 그렸고 그의 최고의 걸작이라 불리는 〈까마귀가 나는 밀밭Wheat Field with Crows〉(1890)이 탄생했다. 그러던 어느 날, 고흐는 그 밀밭에서 권총 자살로 생을 마감한다. 장례식에는 테오와 베르나르, 탕기 영감, 가셰 박사 등 7명이 참가했다. 장례 후 테오는 고흐의 주머니에서 미완의 편지를 발견하는데 다음과 같은 글이 있었다.

(…) 어쨌든 나는 내 생애를 그림에 바쳤어. 그것은 예술가의 숙명이기도 하니까 달게 받아들이자. 그러나 문제는 바로 너야. 너는 화상이 아니라 예술가라고. 앞으로 네 인생을 어떻게 살 거니 (…).

6개월 후, 형을 지키지 못한 죄책감과 우울감에 시달린 동생 테오도 급작스레 사망했다. 오베르의 밀밭 옆에는 고흐와 테오의 무덤이 나란히 있다. 살아서도 죽어서도 나란히, 그렇게.

고흐가 그림을 그린 기간은 단 10년이다. 그 10년 동안 그는 860점의 유화, 1300점의 수채화와 소묘 등 총 2100여 점의 작품을 남겼다.

:: 네덜란드, 반 고흐 미술관

반 고흐 미술관Rijksmuseum Vincent van Gogh은 네덜란드 암스테르담에 위치한다. 반 고흐의 작품을 회화 200점, 데셍 500점, 편지 700점 이상 등 세계 최대 규모로 소장하고 있다. 1973년 개관 이래 규모가 계속 확장되고 있으며 반 고흐의 걸작들뿐만 아니라, 동료였던 폴 고갱, 에드바르 뭉크, 카지미르 말레비치, 바실리 칸딘스키의 작품도 전시한다.

위치: Museumplein 6, 1071 DJ Amsterdam, Nederland | https://www.rijksmuseum.nl/en/rijksstudio/artists/vincent-van-gogh

남성을 누드 모델로 세운
최초의 여성 화가

Suzanne Valadon

네 맘대로 살아도 아무 일 없다

속옷 차림으로도 이렇게 강해 보일 수 있을까? 정면을 응시하지 않지만 왠지 보는 이의 눈을 깔게 만드는 아우라가 있다. 섹시는 언감생심, 우아한 드레스도 아니고 더구나 누드도 아니다. 파자마 차림에 피곤한 듯 담배를 입에 물고 생각에 잠겨있는 여인. 파란 침구 위에 놓인 책들은 그녀가 지적인 사람임을 보여주려는 것 같다.

수잔 발라동의 〈푸른 방La Chambre bleue〉이라는 작품 이야기이다. 모델의 자의식이 강하게 드러난 이 그림이 내게 특별한 이유는 '자유로움'이다. 남의 시선에 구속은커녕 연연해하지도 않으며 묵묵히 자기 삶을 살아온 센 언니가 내게 "그래도 된다"는 말을 건네는 듯하다. '여자답다'는 말을 만고의 칭찬으로 여기며 그 틀 안에서 사느라 때때로 답답하던

수잔 발라동, 〈푸른 방〉, 1923, 캔버스에 유채 ⓒ 조르주 퐁피두센터

내게 "네 맘대로 살아도 아무 일 없다"라며 툭 말을 건넨다.

세탁부의 딸에서 화가가 되기까지

본명은 마리 클레망틴 발라동Marie-Clémentine Valadon. 세탁부의 혼외자로 태어나 열 살부터 직공, 양재사, 청소부 등 갖가지 일을 전전하다 파리의 서커스단 무희가 된다. 하지만 그네에서 낙마하는 사고로 서커스단에서 쫓겨난 후 당대 상징주의 미술의 거장 피에르 퓌비 드 샤반Pierre Cécile Puvis de Chavannes의 눈에 띄어 그의 모델이 된다.

퓌비 드 샤반의 모델을 하는 몇 년 동안 수잔은 가까이에서 거장의 작업을 눈여겨보며 남몰래 그림을 연습한다. 그녀의 그림을 보며 화를 내는 그를 떠나 다시 르누아르Auguste Renoir의 모델이 된다. 당시 모델이라 하면 화가의 정부이기도 했다. 때문에 수잔은 열여덟 살의 나이에 아빠가 누군지 모르는 아들을 낳게 된다. 생계를 책임져야 했던 어린 소녀는 몸도 추스르기 전에 무슨 일이든 해야 했다. 아빠가 누군지 모르지만 화가임이 틀림없는 그 아이가 '몽마르트르의 화가' 모리스 위트릴로Maurice Utrillo이다.

르누아르 부인에게 또다시 쫓겨난 수잔은 물랭 루주의 화가 앙리 드 툴루즈 로트레크Henri de Toulouse-Lautrec를 만난다. 그의 모델로, 연인으로 지내는 동안 로트레크는 그녀의 그림을 보고 재능을 발견한다. 로트레크는 그녀를 인상주의 거장 에드가 드가Edgar Degas에게 소개해주었고 그녀는 드가의 밑에서 미술교육을 받는다. 그녀는 드가를 만난 그날을 '내가 날개를 단 날'이라고 회고했다. 로트레크에게서 '수잔 발라동'이라는 예명을 선물받은 이후 그녀는 평생 그 이름으로 살았다. 그 시절, 그녀는 로트레크에게 니체Friedrich Wilhelm Nietzsche와 보들레르Charles Pierre Baudelaire의 책을 빌려 탐독했다. 〈푸른 방〉 안에 책을 그려 넣은 이유가 있다.

드가는 수잔의 그림 3점을 구입해주고 그녀가 전시에 참여하게 도와주며 화가의 길을 갈 수 있도록 격려한다. 귀족 집안의 배운 여자도 화가로 성장하기 힘든 시대에 그녀는 오로지 재능과 노력으로 거장의 반열에 올랐으니 그 행로가 어찌 평탄했겠는가!

퓌비 드 샤반, 르누아르, 드가, 로트레크 등 인상주의 최고의 화가들이 그녀를 모델로 그림을 그렸으나 모두가 동일 인물인지 의심스러울 정도이다. 이유는 각자가 보고 싶거나 부각시키고 싶은 면을 그려서일 것이다. 나는 로트레크가 그린 수잔을 좋아한다. 로트레크의 수잔에는 그와 그녀의 영혼이 녹아있다. 삶의 고단함, 가난, 때때로 엄습하는 외로움, 그럼에도 불구하고 운명에 굴복하지 않겠다는 자의식, 모든 게 그림에 녹아있다. 거기에 로트레크의 시선. 그녀를 성적 대상화하기보다 한 인간으로 바라보는 그 담담한 시선이 좋다. 그가 그런 것을 의도했는지 모르겠지만.

1893년 28세 때 수잔은 운명의 사랑을 만난다. '너무 낡은 시대에 너무 젊은 영혼으로 온 사람'이라고 자신을 칭했던 에릭 사티Erik Satie. 이름만 들어도 가슴이 설렌다. 듣고 있자면 드뷔시Claude Debussy의 '달빛 Clair de Lune'보다 더 달빛이 쏟아져 내릴 것만 같은 '짐노페디Gymnopédies' 그 곡의 작곡가 말이다.

친구는 서로 닮는다더니 드뷔시와 사티는 비슷한 느낌의 곡이 있다. 사티가 수잔을 사랑할 때 쓴 곡이 '난 널 원해Je te veux'이다. 두근대는 가슴으로 노란 프레지아 한 다발을 들고 그녀에게 향하는 발걸음이 점점 빨라지고 있는 모습이 그려지는 곡이다. 첫눈에 감전된 두 사람은 동거에 들어간다. 그녀는 그를 모델로 초상화를 그렸고 그 작품이 그녀의 최초 유화 작품이다. 사티의 나이 27세.

모든 사랑은 남는 장사다

서로에게 영감이 되는 존재. 하지만 불꽃같은 사랑은 타버리고 소진된다. 너무 뜨거웠을까? 6개월 만에 수잔과 헤어진 사티는 평생을 독신으로 그 흔한 연예 한 번 없이 살다 간다. 사티 사후에 그의 방에서 한 다발의 편지가 발견되는데 수신인은 모두 그녀다. 초라한 방에 그녀가 그려준 자신의 초상화를 벽에 걸고 평생 그녀를 그리워하며 붙이지도 못할 편지를 쓰고, 곡을 썼다. 같은 소절을 무려 840번을 반복하는 '벡사시옹 (vexations, 짜증)'은 아마도 그녀를 도저히 떨쳐내지 못하고 머릿속에서 무한 반복

수잔 발라동, 〈에릭 사티의 초상화〉, 1893, 캔버스에 유채 ⓒ 파리, 조르주 퐁피두센터

하는 자신을 묘사한 곡인지도 모른다. 밀어낼수록 어느새 다시 머릿속에 꽉 차버리는, 그리고 자동재생되는 그녀에 대한 그리움, 생각들.

3년 후 수잔은 은행가 폴 무시Paul Moussis와 결혼한다. 무시는 그녀를 존중하며 그녀가 작품에 매진할 수 있도록 경제적 지원을 아끼지 않았다. 안정을 찾은 그녀는 이 시기에 다수의 누드와 자화상을 그렸다. 그렇게 13년의 세월을 보낸 수잔은 1908년 〈아담과 이브Adam et Ève〉라는 역작을 그리게 된다.

수잔 발라동, 〈아담과 이브〉, 1909, 캔버스에 유채
© 파리, 조르주 퐁피두센터

문제는 이 아담의 모델이다. 수잔은 아들의 친구였던, 아들보다 어린 초보 화가인 앙드레 위테르André Utter와 사랑에 빠진 거다. 그림 속의 이 브는 자신을, 아담에는 위테르의 얼굴을 그려 넣었다. 여성 누드 모델을 남성 화가가 그리던 시대에, 남성을 누드 모델로 세우고 남녀가 나란히 함께 있는 누드를 그린 최초의 여성 화가인 셈이다.

26세인 아들 위트릴로와 함께 살던 이혼녀 수잔은 44세에 23세인 위 테르와 동거하기 시작한다. 사람들은 '저주받은 삼위일체'라고 입방아 를 찧었다. 어린 모델과 사랑에 빠지고 그 에너지로 왕성한 창작 활동을 하는 일은 남자 화가들에게는 일상이지만 여자 화가인 수잔에게는 비 난이 쏟아졌다.

참으로 슬프다. 수잔은 위테르를 사랑한 거다. 어린 남자라서가 아니라 그래서. 나중에 결과를 보고 그럴 줄 알았다고, 사랑이 아니었다고 말하는 것에 동의하지 않는다. 사랑은 결과적으로가 아니라 '사랑하는 그 순간에 존재'하는 거니까. 대신 나는 "모든 사랑은 남는 장사다"라는 말을 사랑한다. 이 포용의 문장은 모든 이별을 껴안는다. 어떤 원망도 없이.

그녀의 그림 속 이브의 얼굴이 그녀가 진정 사랑에 빠졌음을 보여준다. 그녀의 숱한 자화상 어디에도 이처럼 생기 넘치고 사랑스러운 표정은 없다. 사랑에 빠진 이브는 천진한 소녀의 표정으로 금단의 사과를 따고 있다. 40대 여자라도 마음이 40대는 아닌 거다.

사랑은 '받는 사람의 것'이 아니라 '하는 사람의 것'임을 표현하고 싶었을까? 그녀의 얼굴과 대조적으로 남자의 표정은 뭔가 찜찜하다. 사랑 외에 어떤 다른 목적이 있는 사람의 표정이다. 연예에 관한 한 산전수전 다 겪은 중년의 여자가 그걸 몰랐을 리 없다. 오히려 그것까지 표현하려한 건 아닌지.

1914년 정식으로 그와 재혼한 후 수잔은 그다음 해 여자 화가로는 최초로 개인전을 연다. 이 세 가족은 각자 창작을 하고 힘을 합쳐 판매에도 나섰다. 먹고 살아야 하니까. 처음엔 팔리지 않던 작품이 해를 거듭하면서 팔리기 시작했지만 그의 마음은 그녀를 떠나고 있었다. 그녀의 그림까지 몰래 내다파는 지경이 되었고 결국 둘은 갈라선다. 이후 수잔은 리옹Lyon의 작은 마을로 이사해 조용히 작품 활동을 하며 평온한 말년을 보내다 1938년 영면에 들었다.

타인의 시선으로 프레임 안에 살던 여자가 프레임 밖으로 걸어 나와
자신의 시선으로 자신을 그리며 말한다.
"예술은 우리들이 증오하는 삶을 영원하게 만든다."

:: 프랑스, 리모주 보자르 미술관

리모주 보자르 미술관Le musée des Beaux-Arts de Limoges은 프랑스 중서부 오트 비엔Haute-Vienne 지방의 주도 리모주에 위치한 시립미술관이다. 미술관으로 쓰고 있는 건물은 18세기 성공회 궁으로 생테티엔 성당La cathédrale Saint-Étienne 끝자락에 위치하며, 리모주 주교가 머물던 곳이었다. 1912년 미술관이 세워진 이래 리모주의 역사, 문화, 영향과 관련된 다양한 컬렉션을 소장하고 있다. 또한 도자기로도 유명하여 중세, 르네상스, 19세기 도자기 작품과 더불어 컨템퍼러리 및 해외 도자기도 다수 소장하고 있다.

위치: 1 Place de l'Évêché, 87000 Limoges, France | http://www.museebal.fr/

제11장

에드워드 호퍼

Edward Hopper, 1882~1967

아침, 햇살, 햇볕 속의 여자,
고독한 현대인

Edward Hopper

대도시 속 소외된 인간들의 고독

환하게 불을 밝히고 있는 뉴욕 그리니치 애비뉴에 위치한 카페. 밤늦은 시간, 텅 빈 거리, 상점들도 문을 닫았다. 사람이 몇 명 있는 카페 안도 적막하기는 마찬가지. 다음 쪽 그림 어디에도 카페로 들어가는 입구가 없다. 단절되고 고립된 공간.

유리창으로 보이는 사람들은 시선이 모두 제각각인 채 자기만의 세상에 갇혀있다. 무슨 말을 건네는 듯 보이는 카페 종업원, 무심히 손톱을 내려다보는 빨간 드레스의 여인, 그녀와 일행처럼 보이는 담배를 든 남자, 조금 떨어진 곳에 혼자 앉아있는 모자를 쓴 신사. 등장인물이 넷인데 마치 음소거가 된 영화의 한 장면처럼 고요하다.

에드워드 호퍼의 〈밤을 새우는 사람들Nighthawks〉. 이 작품을 볼 때면

에드워드 호퍼, 〈밤을 새우는 사람들〉, 1942, 캔버스에 유채 ⓒ 시카고 미술관

제일 먼저 기다란 직선에 눈이 베인다. 그리고 고독이 뚝뚝 떨어지는 남자의 뒷모습에 마음을 베인다. 무슨 사연이 있는지 알 수 없지만 감히 말을 붙이기도 어렵다. 담배를 든 사내와 빨간 드레스 여인의 손끝이 간신히 맞닿아 있다. 마치 인연의 끝자락에 서 있는 사람들처럼. 이들의 눈치를 보며 일하는 종업원도 마음 둘 곳 없기는 마찬가지이다. 혼자는 혼자라서 외롭고 둘은 둘이라서 외로운 곳, 대도시 골목 귀퉁이의 민낯.

에드워드는 이 그림 속의 고독에 대한 질문에 이렇게 답했다.

특별히 고독하다고 보지는 않는다. 다만 나는 그림을 단순화하고 식당을 크게 그림으로써 아마도 무의식적으로 그 도시의 고독을 그리고 있었는지도 모르겠다.

두 번의 세계대전과 경제 대공황을 거친 미국 대도시의 풍경과 그 속에 등장하는 사람들로써 고독을 보여주는 방식은 에드워드의 트레이드마크이다. 호텔, 카페, 주유소, 기차처럼 대도시 어디든 흔히 볼 수 있는 곳을 그는 많이 그렸는데, 대도시의 화려함보다 그 속에서 소외된 인간들을 특징적으로 표현했다.

문명이 발달할수록 경쟁은 치열해지고, 그 무엇인가를 얻기 위해 관계는 부서진다. 바다 한가운데서 마실 단 한 모금의 물을 구하지 못해 죽어가는 것처럼 도시의 많은 사람들 속에서 자신을 지탱해줄 단 하나의 관계를 만들지 못해 죽어가는 사람들. 그들의 소외와 고독을 캔버스에 담았다.

그의 그림을 보고 있으면 그 속에서 나를 발견한다. 그래서 그의 그림 속 이야기들은 모두 내 이야기가 된다. 뒷모습의 남자는 가장이라는 무게에 눌린 내 아버지가 되고, 내 남편이 되고, 내가 된다. 〈밤을 새우는 사람들〉을 보며 마음이 베이는 까닭이다. 그가 표현한 고독은 즐길 만한 것이 아니다. 한 발만 더 내밀면 공포로 다가올 외로움이다. 그래서 그의 작품 감상 뒤에는 누군가 생각하고, 걱정하고, 그리워한다.

에드워드의 그림들은 영화나 소설, 나아가 팝아트까지 다양하게 영향을 끼쳤는데, 이 작품은 리들리 스콧Ridley Scott 감독에게 영감을 주어 영화 〈블레이드 러너〉의 주요 이미지로 차용되었다.

나는 끊임없이 이 그림을 재생산하려고 했다. 우리 제작팀은 이 그림을 참고해 일러스트를 그리고 분위기를 비슷하게 가져가려고 노력했다.

    - 리들리 스콧.

신랄하고 황량한 사실주의 작품

    에드워드 호퍼는 뉴욕에서 태어나 뉴욕에서 눈을 감았다. 뉴욕주 나이액Nyack에서 태어난 그는 12세에 키가 180cm를 넘었다. 어린 시절, 마르고 큰 키 때문에 메뚜기라고 놀림을 받았는데, 그의 소외나 외로움의 근원은 여기서 기인한다는 사람들도 있다. 성인이 된 그는 2m에 가까운 장신이었다. 그림에 소질이 있었고 넉넉한 가정형편이 뒷받침되었다.

    처음에는 삽화를 그렸고, 뉴욕 미술학교에서 로버트 헨리Robert Henri의 제자로 회화를 공부했다. 1906년 학교를 졸업하고 광고회사에 취직, 일러스트와 광고용 판화들을 주로 제작했다. 그 무렵 유럽 여러 나라를 여행했는데 파리에 10개월가량 머물면서 당시 파리를 휩쓴 인상파와 입체파들의 그림들을 보았다. 그는 파리 인상주의 그림들을 보며 그림자에도 빛이 있음을 지각했다. 이 시절 인상주의풍의 그림을 시도하지만 크게 매력을 느끼지는 않았다.

    뉴욕으로 돌아온 그는 생계를 위해 광고미술을 하면서 틈틈이 자신이 원하는 작업(순수미술)을 했다. 1913년 그의 스승 로버트 헨리의 노력으로 69연대 병기고에서 '아모리 쇼Armory Show'가 열렸고 그도 〈항해

Sailing〉(1911)라는 작품으로 거기에 참가했다. 아모리 쇼는 유럽과 미국에서 두각을 나타내는 동시대 화가와 조각가들의 작품들로 꾸려졌다. 이 전시는 유럽 미술과 미국 미술을 비교하고 문화교류를 성취한 최초의 전시로 역사적 가치가 크다. 마르셀 뒤샹Marcel Duchamp의 충격적 작품 〈계단을 내려오는 누드Nude descending a staircase〉가 전시되었고, 조르주 브라크Georges Braque, 에버렛 신Everett Shinn, 윌리엄 글래큰스William Glackens 등 당대 최고의 화가들이 참여했다.

운 좋게도 아모리 쇼에 출품한 에드워드의 작품이 팔렸지만, 그 이후 10년 동안 그는 단 한 점의 작품도 판매하지 못했다. 1924년 42세 때 같은 미술학교 출신인 조세핀 니비슨Josephine Nivison과 결혼한다. 조세핀은 그의 모델이 돼주었고 평생 예술적 동지로 함께한다. 둘 사이에 아이는 없었고, 서로 너무 다른 성격 때문에 육탄전을 벌일 때도 많았지만 그녀는 예술가로서 에드워드를 존중했고 사랑했다. 그녀의 조언대로 수채화에 비중을 두기 시작한 그는 대중과 비평가들의 입맛을 사로잡기 시작했다.

1925년 발표한 〈철길 옆의 집House by the Railroad〉은 그의 출세작이다. 빅토리아풍의 허물어져 가는 저택이 철로 앞에 스산하게 서 있는 작품이다. 뉴 아티스트 소사이어티 제7회 전시회에 이 작품을 출품했고 젊은 비평가 로이드 굿리치Lloyd Goodrich의 시선을 사로잡았다. 그는 "이 전시에서 가장 충격적이다…. 우리가 지금까지 보아온 어떤 사실주의 그림보다 가장 신랄하고 황량한 작품"이라며 극찬했다. 스릴러의 거장 알프레드 히치콕Alfred Hitchcock 감독 또한 많은 영화에서 그의 작품을 차용했는데 〈철길 옆의 집〉은 영화 〈사이코〉에 나오는 집의 모티브가 되었다. 1927년 열린 그의 두 번째 전시에서 그는 완판을 기록한다. 이를 계기로 그는 전업화가의 길로 접어든다.

단편집과 영화로… 대중문화에도 큰 영향

할리우드 영화에서 튀어나온 것처럼 아름다운 여인이 장갑을 한 손만 벗은 채 테이블에 앉아 커피를 마시고 있다. 이 그림의 모델 역시 그의 아내 조세핀이다. 작품의 제목은 〈자동판매기 식당Automat〉. 자동판매기에 돈만 넣으면 원하는 음식이나 음료가 나오는 무인 판매 식당이다. 그림만 봐도 숨은 이야기가 많다. 누굴 만나러 가는 길일까? 혹은 만나고 오는 길일까? 무슨 상념에 잠겨있는 걸까? 마치 영화의 스틸 컷처럼 호기심을 불러일으키는 장면이다.

그의 작품을 보고 이름만 들어도 쟁쟁한 미스터리 작가인 스티븐 킹Stephen Edwin King, 조이스 캐럴 오츠Joyce Carol Oates, 게일 레빈Gail Levin, 마이클 코넬리Michael Connelly 등이 모였다. 각자 자신이 원하는 그림을 골라 상상력을 더해 이야기 한 편씩 실었다. 이렇게 탄생한 단편소설 모음집이 《빛 혹은 그림자In Sunlight or In Shadow》이다. 이 책에는 총 17점의 작품이 실렸는데, 기획자이기도 한 로렌스 블록Lawrence Block은 호퍼의 〈자동판매기 식당〉을 주제로 《자동판매기 식당의 가을Autumn at the Automat》을 써서 2017년 에드거상Edgar Award 최고 단편부분 상을 수상

에드워드 호퍼, 〈자동판매기 식당〉, 1927, 캔버스에 유채 ⓒ 아이오아주, 디모인 아트센터

했다.

호퍼의 그림들을 엮어서 만든 영화도 있다. 아바의 노래를 연결해 만든 영화가 〈맘마미아〉라면, 〈셜리에 관한 모든 것〉은 호퍼의 그림을 연결해 만든 영화이다. 그림과 똑같은 배경에 배우들은 그림에 나오는 옷을 입고 그림 속 동작을 그대로 재현한다. 이 영화에서는 모두 13점의 그의 작품들을 볼 수 있다.

20세기 중반에 접어들어 시대의 흐름이 추상으로 갔다. 그의 그림은 진부한 것으로 치부되었다. 허나 그는 자신의 화풍을 바꾸지 않았다. 시류에 타협하지 않고 마지막까지 꾸준히 자기 길을 간 셈이다.

에드워드 호퍼, 〈두 코미디언〉, 1965, 캔버스에 유채 ⓒ 개인소장

위 그림은 그의 마지막 작품이다. 어쩐지 제목만 들어도 찡하다. 〈두 코미디언Two Comedians〉. 80이 훌쩍 넘은 그가 그간의 삶을 돌아보니 '인생이 코미디 같다'고 느꼈는지 모르겠다. 두 남녀가 관객을 향해 인사를 하며 무대를 내려올 준비를 한다. 한 세상 잘 살다 간다고 인사를 하는 것 같다. 그리고 그는 영영 돌아올 수 없는 곳으로 떠났다.

미국인이 가장 좋아하는 화가 에드워드 호퍼. 현대인의 고독과 소외를 누구보다도 잘 보여준 예술가. 순수미술뿐 아니라 대중문화에도 지대하게 영향을 끼친 그는 1967년, 85세의 나이로 눈을 감았다. 그가 눈을 감자 그의 아내 조세핀은 그의 남은 작품들을 모두 뉴욕 휘트니 미술관에 기증하고 이듬해 그녀도 눈을 감았다.

Museum Trip

:: 미국, 시카고 미술관

시카고 미술관The Art Institute of Chicago 또는 시카고 현대미술관은 미국 일리노이주에 있으며 보스턴 미술관, 메트로폴리탄 미술관과 함께 미국의 3대 미술관으로 손꼽힌다. 1866년 시카고 디자인학교Chicago Academy of Design에서 출발해 1879년 미술관으로 개관했다. 유럽, 미국의 미술품뿐만 아니라, 고대부터 현대까지 각 지역 각 시대의 미술품을 소장하고 있다. 호퍼, 쇠라, 모네, 르누아르 등 인상주의 미술품을 중심으로 유럽 근대회화로 유명하다.

위치: 111 South Michigan Avenue Chicago, IL 60603, USA | https://www.artic.edu

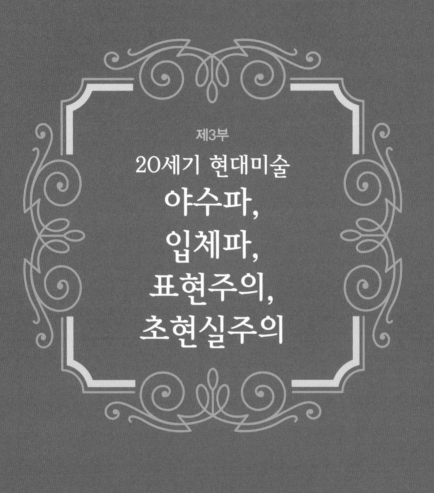

제3부

20세기 현대미술
야수파,
입체파,
표현주의,
초현실주의

제12장
앙리 루소

Henri Rousseau, 1844~1910

"시장님, 제 그림 사세요"
이런 발칙한 화가를 봤나!

Henri Rousseau

굴러 떨어질 것 같은 구도

무지개색 줄무늬 원피스를 입은 여인이 지팡이를 꼭 쥔 채 곤히 잠들어있다. 여인 옆으로 나란히 만돌린이 누웠고, 그 옆에 지쳐 잠든 여인의 목을 축여줄 물병이 서 있다. 휘영청 밝은 달 아래 사자 한 마리가 그녀 뒤에서 꼬리에 바짝 힘을 주고 서 있다. 모래언덕 어디에도 사람의 발자국이나 사자의 발자국은 없다.

사자는 이 여인을 해칠 마음이 전혀 없어 보인다. 오히려 지켜주고 있는 것 같기도 하다. 비현실적인 주제와 색감이 만나 신비롭고 동화 같으며 고요하다. 다음 쪽 앙리 루소의 〈잠자는 집시La Bohémienne endormie〉 이야기이다. 그는 이 제목 옆에 부제를 달았는데 '아무리 사나운 육식동물도 지쳐 잠든 먹이를 덮치는 것을 망설인다'이다.

앙리 루소, 〈잠자는 집시〉, 1897, 캔버스에 유채 ⓒ 뉴욕 현대미술관

부제를 읽고 나면 더 사랑스럽게 다가오는 이 그림은 자세히 보면 구도가 좀 이상하다. 사자는 옆모습이 그려져 있어 시점이 정면인 반면 여인은 위에서 내려다보는 시점이다. 시점이 다르다 보니 잠든 여인은 곧 옆으로 굴러 떨어질 듯 보인다. 고의일까 실수일까.

삶이 곧 예술이었던 사람

루소는 평생 그림을 배워본 적 없으며 어느 유파에도 속한 적 없는 '일요화가'이다. '일요화가'란, 본업이 따로 있고 취미로 그림을 그리는 아마추어 화가를 지칭하는 말이다. 루소는 세관원으로 22년을 일했다. 파리로 들어오는 물건들의 세금을 받는 최하위 공무원이었다. 지금으로 치면 고속도로 통행료 징수 비슷한 일이다.

루소는 〈잠자는 집시〉를 대단히 만족스러워했다. 그래서 그는 고향 라발Laval시의 시장에게 편지를 썼다.

> 저는 스승 없이 독학으로 붓질을 배운 화가입니다. 제가 그린 그림을 한 점 추천하오니 부디 고향에서 구입해 소장하면 좋겠습니다. 추천작은 〈잠자는 집시〉입니다. (…) 가능하다면 1800프랑에서 2000프랑쯤 받고 싶습니다. (…) 부디 시장님의 호의를 기대합니다.

안타깝게도 시에서는 답이 없었다. 이 작품은 지금 뉴욕의 현대미술관에서 그 위용을 뽐내고 있다. '셀프 추천'이라니. 루소는 엉뚱하고 기발한 사람 같다.

앙리 루소는 양철장이 아버지와 가정주부 어머니 사이에서 태어났고, 누나 세 명과 남동생 한 명이 있었다. 어린 시절 학업성적이 좋지 않아 두 번의 유급을 당해 결국 고등학교를 졸업하지 못했다.

19세에 변호사 사무실 급사로 취직했는데, 어이없게 30프랑을 훔쳐서 소년원에 한 달 동안 구금된다. 면죄부를 조건으로 군대에 자원했다. 7년 복무 명령을 받았다. 복무 중인 1868년 아버지가 사망한다. 실질적인 가장이었기에 나머지 기간을 면제받고 돌아와 가족들과 파리로 이사한다. 25세가 된 루소는 18세의 클레망스 부아타르Clémence Boitard와 결혼한다.

클레망스와 금슬이 좋았던 루소는 슬하에 6명의 자녀를 두었지만 불행하게도 1명만 빼고 모두 일찍 세상을 등진다. 설상가상으로 클레망스마저 37세 젊은 나이에 눈을 감았다. 유일하게 딸 줄리아 한 명만 루소보다 오래 살았다. 클레망스가 사망하고 11년 만에 조세핀Josephine Noury과 재혼해 행복을 꿈꿔 보지만 그녀 또한 결혼 4년 만에 먼저 저세상으로 가 버렸다. 두 명의 부인과 8명의 아이를 잃은 한 남자를 떠올려 보자. 묵묵히 살아내는 게 기적인 삶이다. 그런 그에게 그림마저 없었다면 어땠을까?

루소의 이력에는 흥미로운 점이 많다. 바이올린 연주를 좋아하고 실력도 상당해서 말년에 바이올린 레슨으로 생계를 해결하기도 했다. 그는 아내 클레망스를 위해 '클레망스, 바이올린과 만돌린을 위한 도입부가 있는 왈츠'를 작곡했다. 이 곡으로 '프랑스 문학과 아카데미상'을 수상하고 심지어 베토벤홀에서 연주도 했다.

또한 그는 그림에 부제를 붙이거나 시를 붙여 그 의미를 전달하고자 했다. 음악을 만들고 연주하는 뮤지션에, 시를 쓰는 시인에, 그림을 그리는 화가였으니, 그는 만능 엔터테이너였다고 하겠다. 삶 자체가 예술이었던 사람.

인생은 짧고 예술은 길다

그는 40세가 넘어서 그림을 그리기 시작했고, 49세에는 본격적으로 그림을 그리기 위해 퇴직한다. 내로라하는 화가들이 경쟁하는 살롱전에는 출품할 수 없었지만, 소정의 참가비만 내면 전시 가능한 앙데팡당전과 낙선전에는 꾸준히 참여했다. 비평가들은 그의 그림을 조롱하고 멸시했다.

난쟁이 몸집에다 절구통 머리를 얹어놓고 자화상이라고 제목을 붙인 건 틀림없이 화가가 겸손하기 때문일 것이다.
– 1890년 낙선전에 출품한 자화상에 대한 기사

루소의 작품을 보면 실없이 웃음이 나온다. 단돈 3프랑으로 기분 전환하는 방법으로는 최고다. 루소는 손을 대지 않고 그림을 그린다는 말이 있다. 도대체 어떻게 그린 걸까?

루소는 잠자는 숲속의 공주를 그렸다. 한마디로 하품 나는 작품이다. 그림 내용은 이렇다. 야생 사자가 슬금슬금 다가온다. 웬 여자가 몹시 지쳐 잠들었는데 사자는 그녀를 덮칠까 말까 고민 중이다. 관람객의 배꼽을 뽑는 작품이다. 그림 속의 사자도 '어흥' 하고 웃을 것이다. 이런 그림을 그린 화가에게 부디 영광이 있기를. – 〈잠자는 집시〉에 대한 비평 기사

아이러니하게도 당시 살롱전에서 비평가들로부터 찬사를 받았던 아카데믹한 그림들은 후대에 빛을 잃었다. 무슨 작품이 어떤 상을 받았는지조차 잊혀졌다. 반대로 그늘진 곳에서 그림을 그렸던 루소, 고흐, 고

갱, 로트레크, 마티스 등의 화가들은 더욱 찬란한 빛을 받았다. 이래서 "인생은 짧고 예술은 길다"라고 하는지도 모르겠다.

"죽어서야 빛을 보면 무슨 소용이야?"라고 말할 수도 있지만, 죽어서도 빛을 못 보는 사람이 다수이다. 이름을 남기고 사람들에게 기억되는 건 그 자체로 의미가 있다.

무명의 루소를 처음 알아봐 준 사람은 시인이자 극작가인 알프레드 자리Alfred Jarry다. 알프레드는 루소의 〈전쟁La Guerre ou la chevauchée de la discorde〉이라는 그림을 보고 충격을 받았다. 다음은 그가 《메르퀴르 드 프랑스Mercure de France》라는 문학잡지에 기고한 글이다.

화가는 하나의 인격이다. 그림을 그리기 때문이다. 루소는 이상한 그림을 그린다. 우리가 모르는 그림이다. 그러나 우리가 모른다고 해서 꼭 조롱할 필요는 없다. (…) 규격에서 벗어나는 건 현대인들을 혼란스럽게 한다. (…) 자신이 이해할 수 없으면 몽땅 미친 짓, 바보짓이라고 밀어두면 속 편하기 때문이다. 루소는 사회의 어리석은 편견의 제물이 되었다.

알프레드의 소개로 루소는 시인 기욤 아폴리네르Guillaume Apollinaire를 만난다. 〈미라보 다리Le Pont Mirabeau〉를 쓴 아폴리네르 말이다. 아폴리네르는 루소에게 애인인 마리 로랑생Marie Laurencin과의 커플 초상화를 주문했다. 루소는 정확을 기하기 위해 자를 들고 얼굴과 몸을 실측했다. 피부색도 똑같이 하고자 물감을 얼굴 옆에 대보며 신중을 기했다. 시인을 상징하는 종이와 펜을 들고 있는 아폴리네르와 손을 들어 하늘,

앙리 루소, 〈시인에게 영감을 주는 뮤즈〉, 1909, 캔버스에 유채 ⓒ 스위스, 바젤미술관

즉 자연으로부터 영감을 전해주는 마리 로랑생을 표현했다.

초상화가 실물과 하나도 닮은 데가 없다면 사람들이 누구 초상화인지 어떻게 알아본단 말인가? 게다가 제목도 '시인에게 영감을 주는 뮤즈'라고 붙였다. - 아폴리네르

놀랍게도 사람들은 이 그림의 주인공들을 단박에 알아보았다. 이 그림이 못마땅한 사람은 본인도 화가인 마리 로랑생뿐이었다. 실물보다 뚱뚱하게 그렸기 때문이다. 루소는 시인에게 영감을 주는 '커다란 존재'를 표현한 것인데 생각해보면 여자 맘을 몰라도 한참을 모르는 발상이다.

피카소는 왜 루소의 그림을 샀나

아폴리네르는 피카소의 아틀리에인 '세탁선Bateau-Lavoir'에서 여러 예술가들과 어울렸는데, 때마침 피카소가 우연히 단골 골동품 가게에서 헐값에 팔고 있는 루소의 그림인 〈한 여인의 초상Portrait d'une femme〉을 산다. 그 그림에 너무나 깊은 인상을 받은 피카소는 루소를 '세탁선'에 초대해서 그를 위한 파티 '루소의 밤'을 열어준다.

피카소의 초대에 당대 유명한 예술가들이 몰려왔다. 아폴리네르는 그를 위해 그 자리에서 시를 헌정했고 감동한 루소는 눈물을 흘렸다. 20대

앙리 루소, 〈한 여인의 초상〉, 1895, 캔버스에 유채 ⓒ 파리, 오
르세 미술관

의 피카소와 60대의 루소의 운명적 만남. 이후 루소에 대한 평가가 달라
지기 시작한다. 루소는 그 자리에 바이올린을 들고 와 '클레망스'를 연주
했다. 그리고 피카소에게 한 말이 유명하다.

우리 둘 다 이 시대의 위대한 화가죠. 당신은 이집트 양식에서, 나는 현
대적 양식에서.

14세에 이미 이탈리아 거장들과 실력을 나란히 했던 천재 화가 피카소는 〈아비뇽의 여인들Les Demoiselles d'Avignon〉(1907)이라는 작품을 탄생시키기까지 자신이 아카데미에서 배운 것들을 지우기 위해 애를 썼다. 새로운 것을 창조한다는 것은 기존의 것들을 과감히 버리고 그 위에 새로운 관점을 세우는 작업이 필요했기 때문이다.

대상을 단순화하고, 평면화하고, 여러 시점을 한 화면에 구성하는 일. 바로 입체파가 추구하는 그 지점을 루소는 아무렇지 않게 이미 하고 있었다. 그러니 피카소가 놀랄 수밖에. 피카소는 자기 그림이 팔릴 때마다 루소의 그림을 샀다.

조각조각 그려서 붙인 것 같은 루소의 독특한 화법은 입체파의 콜라주에 영향을 주었고 나아가 추상화의 길을 열었다. 그리고 열대림을 기묘하게 그려낸 작품들은 이후 초현실주의를 이끌었다. 그의 마지막 작품인 〈꿈Le Rêve〉(1910)은 그의 모든 것이 농축된 걸작이라 할 수 있다. 그를 비난하던 비평가들조차 입을 다물게 만든 작품이다.

좋아하는 일을 찾아 열정을 기울였던 66세의 앙리 루소는 1910년 봉와직염이 번져 목숨을 잃는다. 그의 쓸쓸한 장례식에는 겨우 일곱 명만이 참석했다. 아폴리네르는 묘비문에 들어갈 기념사를 썼고, 1913년 조각가 브랑쿠시Constantin Brancusi와 오르티즈 드 사라테Manuel Ortiz de Zárate가 그 글을 비석에 새겼다.

Museum Trip

:: 스위스, 바젤미술관

쿤스트뮤지엄 바젤 | Hauptbau
St. Alban–Graben 16, 4051 Basel

쿤스트뮤지엄 바젤 | Neubau
St. Alban–Graben 20, 4052 Base

쿤스트뮤지엄 바젤 | GEGENWART
St. Alban–Rheinweg 60, 4052 Basel

스위스 바젤미술관Kunstmuseum Basel은 '런 던타임스'가 세계 5대 미술관으로 꼽기도 한 현대미술관이다. 메인 건물인 신관과 본관 Neubau & Hauptbau, 그리고 분관인 컨템퍼러리 관Gegenwart으로 구분된다. 신관Neubau에는 1950년대 작품이, 본관Hauptbau에는 중세부 터 19세기 모더니즘 작품이 집중되었다. 두 건 물은 지하로 연결된다. 컨템퍼러리관은 거기서 도보로 10분 거리에 있으며 현대 예술품이 소 장되어 있다.

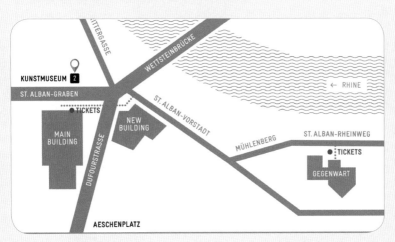

https://kunstmuseumbasel.ch/

제13장
케테 슈미트 콜비츠

Käthe Schmidt Kollwitz, 1867~1945

퀭한 눈동자, 거친 손,
무거운 공기

Käthe Schmidt Kollwitz

빈곤과 봉기를 그리다

첫 번째 그림 속, 창백하게 마른 아이가 침대에 시체처럼 누워있다. 한 구석에서 다른 아이를 안고 있는 아빠는 침울한 표정으로 침대 쪽을 바라보고 있다. 아빠 품속의 아이도 겁에 질려있다. 앙상한 아이를 바라보는 엄마는 괴로움과 좌절감에 머리를 쥐어뜯고, 뒤편에 우두커니 멈춰있는 방직기계가 스산함만 더하고 있다. 죽어가는 아이를 눈앞에 두고도 바라볼 수밖에 없는 지독한 가난은 도무지 해결할 방법이 없다.

가운데 그림, 아이의 목을 조르는 죽음의 사신이 기어이 아이를 데려갔다. 퀭한 눈동자의 아이는 차마 눈을 감지 못하고 원망스러운 듯 두 눈을 부릅뜨고 있다. 뒷짐을 진 채 아이를 내려다보는 아빠는 '잘 가'라는 작별의 인사도 차마 건네지 못하고 얼음처럼 굳어있다. 어둡고 무거

케테 콜비츠, 〈직조공들의 봉기〉 연작, 좌에서 우로 차례로 #1. 빈곤, #2. 죽음, #3. 모의, 1893~1897, 석판 ⓒ 샌프란시스코 파인아트 미술관

운 공기가 가득한 공간, 넋이 나간 채로 벽에 머리를 기댄 엄마는 이 슬픔을 감당하기가 힘들다. 절망으로 가득 차 온기라고는 느낄 수 없다.

마지막 그림 속, 사람들이 모여든다. 도저히 이렇게 살 수가 없다. 많은 사람들이 굶어서 죽어가는 이 시기에 '어떻게 살아남을 것인가' 머리를 맞대고 논의를 하고 있다. 사람들은 행진하기 시작했다. 하나는 둘이 되고 둘은 셋이 되었다. 주먹을 불끈 쥔 남자 뒤로 곡괭이를 든 남자, 도끼를 든 남자, 아이를 업은 여자, 모두 결연한 표정으로 거리로 뛰쳐나왔다. 이들은 살기 위해 봉기를 일으켰다.

이들이 도착한 곳은 착취한 자본가의 집. 화려한 철문은 굳게 닫혀있다. 모여든 남자들이 그 문을 열려고 전력을 다하고 있다. 여자들은 보도블록 바닥을 뜯어내어 돌멩이를 나른다. 굳게 닫힌 문은 열릴 생각이 없고 엄마를 따라온 어린아이만 겁에 질려 울음을 터트렸다. 이 작품을 두고 벨기에 조각가 콩스탕탱 뫼니에Constantin Meunier는 "이런 식으로 묘사된 여자들의 손을 한 점도 본 적이 없다"라고 했다. 모두들 살기 위해 악에 받쳐있다.

하지만 달걀로 바위치기이다. 봉기는 수포로 돌아갔다. 피해자는 희생자가 되었다. 시체들이 하나둘 가난한 방직공의 집으로 옮겨지고 있다. 멈춰버린 기계 앞에는 이미 시신 두 구가 뉘어져 있고 그들의 머리맡에는 슬픔에 짓이겨진 여인이 웅크리고 있다. 두 손을 늘어뜨린 창백한 여인은 동료의 손에 들려 옮겨지고 있는 또 다른 시신을 바라보고 있다. 슬프게도 결말은 죽음과 다시 이들을 덮친 가난뿐이다. 하지만 작가는 창과 문 사이에 희미한 빛을 그려 넣어 그들에게 아직 희망이 있음을 말하고 있다. 빈곤, 죽음, 회의, 행진, 봉기, 결말, 총 6점으로 이루어진 이 작품은 케테 콜비츠가 제작한 〈직조공들의 봉기〉(1893~1898)라는 판화 연작이다.

케테 콜비츠, 〈직조공들의 봉기〉 연작, 위에서 아래로 #4. 행진, #5. 문 앞에서의 봉기 #6. 결말, 1893~1897, 동판 ⓒ 샌프란시스코 파인아트 미술관

케테는 독일 쾨니히스베르크Königsberg에서 다섯째로 태어났으나 위로 태어난 아이 둘이 어린 나이에 사망하고 실제로는 네 남매 중 셋째로 자랐다. 아버지는 법관이었으나 세속적인 성공이 보장되는 법관직을 버리고 목수가 된 급진적인 사회민주주의자였고 어머니는 개신교 신학자의 딸로 학식이 깊었다. 그녀는 어머니에게 종교학과 사회학을 배웠다. 가정형편은 부유했으며 12세 즈음의 그녀에게 재능이 있음을 알아보고 아버지는 미술을 가르치기 시작했다. 그녀는 아버지의 사무실에서 만난 노동자나 선원, 농노들을 그렸는데 당시 프로이센에는 여성이 다닐 수 있는 학교가 없었기 때문에 주로 개인교습을 받았다.

17세가 되자 아버지는 그녀를 베를린에 있는 여자 예술학교로 보냈다. 그녀의 스승인 칼 스타우퍼 번Karl Stauffer-Bern에게 회화보다 판화에 더 많은 재능이 있음을 감지하고 친구이자 판화가인 막스 클링거Max Klinger를 알려주며 판화를 권했다. 칼 스타우퍼도 사회성이 강한 에칭 작업을 많이 했는데 이는 그녀에게 많은 영향을 주었다. 1889년경 막스 클링거의 저서《회화와 판화》를 읽고 본격적으로 판화의 길로 접어든다.

1840년 산업혁명으로 등장한 직조기계는 가내수공업을 하던 직조공들의 삶을 통째로 흔들었다. 기계로 짠 제품은 손으로 작업한 제품들에 비해 생산비가 적게 들었고 자본가들은 많은 이윤을 챙기기 위해 직조공들의 급여를 최저생계비 이하로 떨어뜨렸다. 독일 소도시 슐레지엔Schlesien에서 이런 과도한 임금 삭감으로 인해 직조공들이 굶어죽는 지경이 되었다. 이에 격분한 직조공들은 봉기를 일으켰다.

이 사실을 토대로 극작가 게르하르트 하우프트만Gerhart Johann Robert

Hauptmann은 〈직조공들Die Weber〉이라는 작품을 써서 무대에 올렸다. 하우프트만과 개인적인 인연이 있었던 콜비츠는 1893년 이 작품을 보고 강한 충격을 받는다. 그리고 〈직조공들의 봉기〉 연작 제작에 돌입한다.

연극의 내용과는 다르게 이 판화 작품 속에는 직조공들을 착취하는 자본가의 모습은 보이지 않는다. 직조공들의 탈출구 없는 비참한 생활과 분노에 찬 저항을 사실적으로 보여주는 것만으로 현실의 문제점을 확실히 부각시켰으며 이 작품은 노동자들의 투쟁을 형상화한 리얼리즘 예술의 본보기가 되었다.

시궁창 예술이라는 비난에도…

1898년, 이 작품이 처음 베를린 미술대전Große Deutsche Kunstausstellung에 출품되었을 당시 엄청난 파장이 있었다. 심사위원들은 이 작품에 금상을 결정했으나 황제 빌헬름 2세에 의해 거부당한다. 당시 유럽은 프랑스 혁명 이래 정치, 사회, 예술적으로 변혁의 시기였다. 황제는 '노동자도 인간이다'라는 말만으로도 혁명을 찬양하는 것으로 간주해 이런 의미를 내포한 모든 작품을 '시궁창 예술'이라고 비난했다.

하지만 전시는 성공했고 이에 힘입어 콜비츠는 베를린 여자예술학교로부터 강의 의뢰를 받는다. 다음 해, 이 작품은 드레스덴Dresden에 전시되어 금상을 수상하고 런던에서도 상을 받는다. 이 후, 그의 또 다른 걸작인 〈농민전쟁Bauernkrieg〉(1901~1908년)이라는 7편의 연작으로 명실상부

노동자들을 대변하는 혁명적인 예술가로 입지를 굳힌다.

나는 노동자들이 보여주는 단순하고 솔직한 삶이 이끌어주는 것들에서 주제를 골랐다. 나는 거기에서 아름다움을 찾았다. 부르주아의 모습에는 흥미가 없었고 중산층의 삶은 현학적으로만 보였다. (…) 그러나 그 무엇보다도 힘주어 말하고 싶은 것은 내가 프롤레타리아의 삶에 이끌린 이유 가운데 동정심은 아주 작은 것일 뿐이며 그들의 삶이 보여주는 단순함에서 아름다움을 발견했기 때문이다.

작품 주제에 대한 그녀의 답이다.

1891년 그는 칼 콜비츠Karl Kollwitz와 결혼하고 베를린에 정착한다. 칼은 의사로 의료보험조합에서 운영하는 무료진료소에서 평생 빈민들을 치료했다. 케테는 그곳에서 가난과 고통의 참상을 목격한다. 둘 사이에 두 명의 아들이 태어났다. 케테는 시사주간지 〈짐플리치시무스 Simplicissimus〉에 사회 비판적인 작품들을 싣기 시작했다. 대도시 생활의 힘든 삶, 혼자된 여자의 고단함, 실직, 배고픔과 절망, 원치 않는 임신과 같은 불행을 그만의 섬세한 터치로 가슴 뭉클하게 묘사했다.

1914년 제1차 세계대전이 발발하고 케테의 두 아들은 전쟁에 지원한다. 칼은 반대했지만 케테는 두 아들의 뜻을 존중했다.

칼은 국방부에 편지를 써서 그 아이를 전선으로 보내지 말아달라고 요청하려 한다. (…) 나는 그것을 자식을 둔 사람의 이기주의로만 생각했다.

얼마 후 케테는 전장으로부터 한 통의 통지서를 받는다. 그날, 케테의 일기장에는 통지서에 써 있던 단 한 줄이 적혀있었다. "당신의 아들이 전사했습니다." 둘째아들 18세 페터Peter의 죽음은 케테를 통째로 흔들어놓았다. 지금까지 '대의를 위한 고귀한 희생'이 그녀의 작품을 관통하는 주제였다면, 둘째아들의 죽음으로 과연 고귀한 희생이란 무엇인가, 회의가 시작되었다. 그녀는 오랜 시간 슬픔을 승화시켜 페터를 기념하는 조각 작품 〈비통한 부모Trauernde Eltern〉(1932)를 만들고 반전 운동의 하나로 〈전쟁〉 시리즈를 제작한다. '희생The Sacrifice', '지원병들The Volunteers', '부모The Parents', '과부1The Widow I', '과부2The Widow II', '어머니들The Mothers', '민중The People' 총7편으로 만들어진 이 연작은 너무도 강렬한 슬픔이 뚝뚝 떨어지고 있어 보고 있으면 묵직한 아픔에 압도당한다. 자식을 잃은 부모의 절망이, 어머니의 심정이, 남편을 잃어버린 아내의 슬픔이 애가 끓도록 녹아있다.

이 지구상에서 벌어지고 있는 살인, 거짓말, 부패, 왜곡, 즉 모든 악마적인 것들에 이제는 질려버렸다. 나는 예술가로서 이 모든 것을 감각하고, 감동하고, 밖으로 표출할 권리를 가질 뿐이다. 나의 예술 행위에는 목적이 있다. 구제받을 길 없는 사람들, 변호도 받을 수 없는 사람들, 정말 도움을 필요로 하는 동시대인들을 위해 한 가닥의 책임과 역할을 하는 것이다.

1936년 나치는 그녀에게 어떤 전시도 할 수 없게 철저히 차단했다. 하지만 그의 예술혼은 전 세계로 퍼져나갔다.

이 위대한 예술가는 오늘날 침묵을 선고받았지만 그 작품은 점점 극동에까지 퍼지고 있다. 예술의 언어가 이해되지 않는 곳은 없기 때문이다.

  - 루쉰

제2차 세계대전이 일어나고 손자인 페터가 참전해 또 다시 목숨을 잃었다. 죽은 아들을 기리기 위해 손자의 이름도 그의 이름을 따서 페터라고 지었건만 그마저도 사망한 것이다. 케테는 전력을 다해 마지막 작품을 만든다. 괴테Wolfgang von Goethe의 글에서 제목을 따온 〈씨앗들이 짓이겨져서는 안 된다Seed Corn Must Not Be Ground〉(1942)이다.

이게 곧 내 유언장이다. 씨앗들을 짓이겨져서는 안 된다! 이 말은 "전쟁에 반대한다!"처럼 간절한 소원이 아니라 명령이자 요구이다.

275점의 판화, 50여 점의 초상화, 1300점의 소묘를 남긴 콜비츠는 1945년 종전을 며칠 앞두고 눈을 감았다. 1951년 그녀를 기리는 기념비가 동베를린 뵈르터 광장 공원에 세워졌다.

:: 베를린, 케테 콜비츠 미술관

베를린에 있는 케테 콜비츠 미술관Käthe-Kollwitz-Museum Berlin은 1986년 5월 말 독일의 화가이자 화상인 한스 펠스-리덴Hans Pels-Leusden에 의해 개관된 사립미술관이다. 서베를린 파자넨가Fasanenstraße에 위치한 미술관으로 전 세계에서 케테 콜비츠의 작품을 가장 많이 보유하고 있으며, 그녀의 작품을 상시 전시한다. 판화 100여 점과 데생 70여 점, 기타 조각품이 있다.

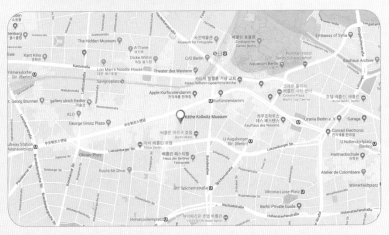

위치: Fasanenstr. 24 10719 Berlin(Charlottenburg), Germany | https://www.kaethe-kollwitz.de

서양미술사 통틀어 최초…
누드 자화상 그린 여자

Paula Modersohn-Becker

단순화한 형태, 아름다운 색채

붉게 물든 얼굴이 생기가 넘친다. 오른쪽을 응시하며 잔잔히 미소 띤 표정, 파란 하늘과 꽃나무를 배경으로 커다란 호박 목걸이를 걸고 있는 여인. 선홍색 유두와 유두 모양의 꽃을 들고 건강한 에너지를 뿜어내는 다음 쪽 그림은 파울라 모더존-베커의 〈호박 목걸이를 한 자화상Self-Portrait, Nude with Amber Necklace Half-Length II〉. 파울라는 서양 미술사를 통틀어 최초로 누드 자화상을 그린 여성 화가이다.

얼핏 고갱Paul Gauguin이 타히티Tahiti에서 그린 그림들과 비슷해 보일 수 있으나 고갱의 그림 속 원시 여인들이 불안한 눈빛, 수동적인 표정, 남자의 시선에 갇힌 인형 같은 모습이었다면, 파울라의 누드 자화상은 타인의 시선을 갈구하지도 의식하지도 않는, 자신의 있는 그대로의 모

파울라 모더존-베커, 〈호박 목걸이를 한 자화상〉, 1906, 캔버스에 유채, ⓒ 스위스 바젤 미술관

습을 온전히 드러낸다.

스스로 기쁨에 차 있으며 내숭을 떨거나 농염해보이려 애쓰지 않는다. 그렇다고 "이게 나야"라고 일부러 센 표정으로 자신을 드러내지도 않으면서도 건강한 아름다움과 순수한 에너지를 뿜어낸다. 단순화된 형태에 색채가 아름답다.

파울라 모더존-베커의 사람들

파울라는 1876년 독일 드레스덴Dresden에서 여섯 남매 중 셋째로 태어났다. 16세 때 런던에 있는 고모 집에 보내지고 그때 처음으로 반년 동안 미술교육을 받았다. 이후 집으로 돌아와 화가 베른하르트 비간트Bernhard Wiegandt에게 미술교육을 받았으며 이후에는 베를린 화가 미술 연합 미술학교에서 2년간 공부했다.

1897년 보릅스베데Worpswede의 화가 마을에 정착했는데 이 예술인 마을에는 당대에 유명한 프리츠 마켄젠Fritz Mackensen, 오토 모더존Otto Modersohn, 하인리히 포겔러Heinrich Vogeler 등이 자리를 잡고 있었다. 황량한 아름다움으로 유명한 이곳에서 그녀는 프리츠 마켄젠의 수업을 들었다. 이 수업에서 그녀는 조각가 클라라 베스트호프Clara Westhoff를 만나 절친이 된다. 동료 화가인 하인리히의 초대로 라이너 마리아 릴케Rainer Maria Rilke가 이 예술인 마을을 방문했을 때, 릴케는 파울라를 처음 만난 날 일기에 이렇게 적었다.

그건 아마 완전한 일치감인데, 말하자면 누군가의 우연한 조우를 통해 각자 성장하는 것이다. 끝을 예견할 수 없는 긴 길을 걸어 내려가 우리는 이 영원의 순간에 닿았다. 놀라움에 몸을 떨며 우리 두 사람은 의심의 여지 없이 신의 존재 바로 앞의 입구에 도달한 것처럼 서로를 마주 보았다.

이 느낌은 순전히 릴케 혼자만의 느낌이었나 보다. 파울라는 보릅스베데의 유명한 풍경화가였던 오토 모더존과 결혼했고 릴케는 클라라와 결혼한다. 그것도 같은 해에. 오토 모더존은 파울라보다 열한 살 연상이고 상처한 배우자 사이에 딸이 한 명 있었다. 릴케는 그를 "독일적이고 북방적인 자기 고유의 세계를 가진 과묵하면서도 심지 굳은 인간"이라고 표현했다.

릴케와 클라라는 파울라가 죽는 날까지 그녀와 교류하며 서로에게 비빌 언덕이 되어준다. 파울라는 릴케와 클라라의 초상화를 남겼고, 클라라도 파울라의 초상을 청동 작품으로 남겼다.

좋은 그림 세 점을 그릴 수 있다면

릴케의 초상화에는 그의 트레이드마크인 수염이 그려져 있다. 독특한 건 눈동자다. 구멍이 뻥 뚫린 것처럼 공허해 보이는 눈동자. 아마도 범부의 것과 다른, 깊은 곳을 바라보는 눈을 가진 시인을 표현하려 한 것 같다. 그녀의 다른 작품에 표현된 눈과는 매우 다르다.

붉은 장미를 들고 있는 클라라의 초상화는 왠지 우울하고 지쳐 보인다(장미는 릴케의 시에 자주 나오는 릴케의 꽃이다). 그럴 만도 하다. 조각을 배우겠다고 파리까지 와서 어렵사리 로댕의 작업실에 들어갔지만 하루 종일 석회 반죽만 해야 했으니 말이다. 그렇다고 그만둘 수도 없고, 한 걸음 앞으로 나아가지 못하는 예술가의 한숨과 고뇌가 느껴진다. 파울라는 일기장에 보릅스베데에 관해 이렇게 적었다. "놀라운 나라, 신들의 나라."

파울라 모더존-베커, (좌) 〈라이너 마리아 릴케〉, 1906, 보드에 오일 템페라 |
(우) 〈클라라 릴케 베스트호프〉, 1905, 캔버스에 유채. © Wikimedia Commons

그곳에서 남편의 지원도 받고 개인 작업실에서 비교적 안정적인 미술
활동을 할 수 있었지만 안락한 생활이 그녀의 창작 활동에는 자극이 되
지 못함을 느꼈다. 게다가 자연을 있는 그대로 표현하는 것을 최고로 평
가하는 보릅스베데 예술가 집단에서 그녀의 새로운 시도, 즉 단순화된
형태와 과감한 색채는 유치한 것으로 치부되었다.

남편과 그의 동료 화가들은 충고랍시고 그녀의 작품에 이래라저래라
말이 많았다. 보이는 그대로가 아닌 '내가 그것을 어떻게 보는가'가 그녀
그림의 핵심이었지만, 전통을 고수하려는 독일에서 그것을 이해받기엔
시대를 너무 앞섰다. 그녀 자신의 운명을 예감했던 걸까?

내가 아는데 나는 아주 오래 살지 못할 것이다. 하지만 그렇다고 슬픈
가? 축제가 길다고 더 아름다운가? 내 삶은 하나의 축제, 짧지만 강렬한

축제이다. 마치 내가 나에게 주어진 짧은 시간에 모든 것, 전부를 자각이라도 해야 하듯이, 내 감각은 점점 더 예리해진다. (…) 그러니 내가 이 세상을 떠나기 전에 내 안에서 사랑이 한 번 피어나고 좋은 그림 세 점을 그릴 수 있다면 나는 손에 꽃을 들고 머리에 꽃을 꽂고 기꺼이 이 세상을 떠나겠다." - 파울라의 일기에서

보수적인 그곳에서 그녀는 점점 고립되었다. 예술가로서의 신세계를 탐험하고 싶은 열망이 그녀를 파리로 향하게 했다. 1900년부터 1906년까지 그녀는 총 4번 파리에 체류하면서 세잔과 고갱의 그림에 충격을 받는다. '엄청난 소리를 내는 힘이 있는 자극적인 색'을 쓰고 싶었던 내면의 소리와 파리에서의 문화충격이 합쳐지면서 그녀는 드디어 그녀만의 화풍을 찾아간다. 그리고 마침내 날개를 단다. 파리에서 미술 아카데미 수업을 받는 것은 물론, 그녀는 매일 루브르박물관에 갔다. 그녀는 특히 고대 이집트 예술에 크게 감화한다.

나는 지금까지 고대를 아주 멀게 생각했다. 물론 그 자체를 아름답다고 생각할 수는 있었다. 하지만 근대 미술과의 연결점을 찾을 수는 없었다. 이제 나는 그것을 찾았다. 이것은 진보라고 생각한다. 형태에 들어있는 위대한 단순함은 놀라울 정도다. - 파울라의 일기에서

남편 모더존은 자신보다 앞서 나가는 부인이 벅차기만 하다.

내 아내는 아름다운 사슴이다. 그녀는 철두철미한 화가이다. 그녀의 색채 감각은 여기 있는 누구와도 닮지 않았다. 현재 나는 같은 길을 가지 않는다. 우리는 서로 경주를 한다.

긍정적인 경쟁관계는 서로가 발전하는 원동력이 되지만, 소모적인 경쟁은 서로를 지치게 한다. 자신의 품 안에 그녀를 가두고 싶어 하는 그와 자유로움을 추구하는 그녀의 관계는 점점 악화된다.

남편과 이별을 결심하고 파리에 머물렀지만, 외롭고 가난한 생활을 이어가야 했다. 결국 파리까지

파울라 모더존-베커, 〈동백나무 가지를 든 자화상〉, 1907, 목판 유화 ⓒ 에센 폴크방 미술관

찾아온 그의 모습에 흔들렸는지 다시 조우한다. 몇 개월을 파리에서 같이 지내며 그녀는 그의 아이를 잉태하고 집으로 돌아온다.

파울라는 6점의 누드 자화상을 그렸는데 다음 그림은 그녀가 그린 마지막 작품인 〈동백나무 가지를 든 자화상Die Malerin mit Kamelienzweig, Selbstporträt〉(1907)이다. 고대 미라의 영향이 느껴지는 단순화된 얼굴 형태와 어둡고 강렬한 색채는 보는 이를 얼어붙게 만든다. 불과 1년 전에

그린 자화상과 다르게 생기가 사라졌다. 동백꽃은 봉우리째 뚝 떨어지는 꽃이다. 이게 마지막이란 것을 알았던 걸까?

다시 고향으로 돌아온 그녀는 아이를 낳고 며칠 만에 산후 후유증으로 숨을 거둔다. 동백꽃처럼 어느 날 갑자기 뚝 떨어져 버렸다. 그녀의 나이 31세였다. 그녀가 남긴 마지막 말에 안타까운 탄성이 새어 나온다.

"아, 아쉬워라" 동백꽃처럼 어느 날 갑자기

짧은 생애 그녀는 1800여 점의 작품을 남겼다. 생전에 판매한 그림은 고작 3점이었으나 사후 재평가되면서 여성 화가 최초 자신의 이름을 건 미술관이 개관된다. 브레멘Bremen에 위치한 '파울라 모더존 하우스.'

자신에 대한 밀도 높은 성찰과 사물과 사람에 대한 깊은 통찰로 대상들을 표현했다. 프리다 칼로(Frida Kahlo de Rivera, 멕시코 화가), 앨리스 닐(Alice Neel, 미국 화가), 신디 셔먼(Cindy Sherman, 미국 사진작가), 키키 스미스(Kiki Smith, 독일 조각가) 등 많은 여성 예술가들이 자신들의 방식으로 그 뒤를 이었다. 시대를 앞선다는 건 먼저 부딪히고 깨지는 거다. 깨지고 피 흘린 자리에 길이 난다. 파울라는 여성 예술가들이 한 걸음 나아갈 수 있도록 길을 내준 셈이다.

그대는 이해한다. 가득한 과일들을. 그대는 과일들을 접시 위에 얹어놓고 그 빛깔로 그 무게를 가늠했다. 또한 과일을 바라보듯이 여인들과 아이

들을 바라보았으며 그들은 그처럼 내면으로부터 우러나와 그 존재의 형태
가 되었다. – 라이너 마리아 릴케, 〈파울라 모더존-베커를 위한 진혼곡〉

:: 독일, 파울라 모더존-베커 미술관

독일 브레멘, 뵈트허거리Böttcherstraße에 있는
파울라 모더존-베커 미술관Paula Modersohn-
Becker Museum. 여성 예술가에게 헌정된 미술
관으로는 세계 최초이다. 1888년부터 1899
년까지 파울라가 살았던 집이 2007년 11월 사
후 100주년 시점에 공공 미술관으로 전환되었
다. 파울라의 작품 외에도 베른하르트 회트거
Bernhard Hoetger의 작품을 소장하고 있다.

위치: Böttcherstraße 6-10, 28195 Bremen, Germany | http://www.pmbm.de/de/
english

제15장
파블로 루이즈 피카소

Pablo Ruiz Picasso, 1881~1973

"저런 건 나도 그려"
피카소 무시하는 당신이
모르는 것

Pablo Ruiz Picasso

회화란 움직임을 고정하는 일

죽은 아이를 안고 우는 여자, 창에 찔려 비명을 지르는 말, 누워있는
시체, 무릎을 꿇은 채 절규하는 사람, 고통에 몸부림치는 사람들과 동
물들. 이들의 아우성치는 소리가 들리는 듯하다. 흑백이라 음울한 분
위가 더욱 진한, 파블로 피카소의 최고의 걸작이라 불리는 〈게르니카
Guernica〉 이야기이다. 그림 위의 전등은 태양을, 바닥의 부러진 칼은 민
중의 패배를 상징하는 다음 쪽 그림은 스페인 내전 당시 게르니카 지역
에서 실제로 벌어진 일을 주제로 하고 있다.

1937년 4월 26일, 공화당의 반대파인 프랑코 정권의 요청을 받은 나
치는 24대의 폭격기를 동원해 스페인의 소도시 게르니카를 무참히 폭격
했다. 이 폭격으로 지역 주민 2000명이 넘는 사상자가 발생했다. 남자

피카소, 〈게르니카〉, 1937, 캔버스에 유채 © 2019 Succession Pablo Picasso – SACK (Korea)

대다수는 전선에 투입된 상태라 마을에는 아이들과 여자들이 있었다. 애초의 목적은 게르니카 주변의 다리와 도로를 파괴해 병력 이동과 군수품 보급에 지장을 주려 함이었지만 나치는 마을을 공격했다. 그들의 목적은 무차별 공격으로 공화주의자들에게 공포심을 심어주려 함과 독일의 무기를 시험하기 위함이었다.

바스크 지방에서 가장 오래된 도시이자 문화 전통의 중심지인 게르니카가 어제 오후 반란군의 공중폭격으로 완전히 초토화되었다. 방어 능력이 없고 전선에서 아주 멀리 떨어진 이 도시에 폭격은 45분간 계속되었다. (…) 그런가 하면 전투기들은 밭으로 달아나는 주민들에게도 무차별 기관총을 쏘아댔다. 이리하여 게르니카는 순식간에 불바다로 변했다.

– 조지 스티어, 〈런던 타임스〉

스페인 출신의 피카소는 이 사실에 격노했다. 파리 만국박람회 스페인 관에 전시할 그림을 의뢰받았던 피카소는 이 뉴스를 듣자마자 하던 작업을 멈추고 〈게르니카〉 제작에 돌입했다.

전쟁의 참상을 고발하는 그림은 이전에도 많이 그려졌다. 전쟁 장면을 재현해 전쟁의 참상을 고발한 여타의 그림들과는 달리 피카소는 각기 상징적인 조각조각의 그림들을 통해 개개인의 극단적인 고통에 집중했다. 〈게르니카〉는 일곱 번의 수정 과정을 사진으로 남겼고, 반전의 상징이 되었다.

예술가는 정치적인 존재인 동시에 처참한 상황이나 세상의 모든 역경이며 기쁨에 공감할 줄 알고 자기 방식대로 세상을 만들어내기도 하는 존재입니다. 사실이 이러할진대 예술가가 어떻게 다른 사람들에게 무관심할 수 있으며 무슨 배짱으로 여느 사람들과는 달리 세상에 무심할 수 있단 말입니까? 아닙니다. 그림은 결코 아파트를 치장하려고 그리는 게 아닙니다. 그림은 적에게 맞서서 싸우는 공격과 방어의 무기입니다.

－ 파블로 피카소.

나치가 파리를 점령했을 당시 게슈타포 장교가 피카소에게 이 그림을 당신이 그렸냐고 물었다. 피카소는 "아니, 당신들이 그렸지"라고 답했다.

〈게르니카〉는 776.6×349.3cm에 달하는 벽화 크기의 대작이다. 이 그림은 스페인이 민주화될 때 고국에 반환하라는 피카소의 유언에 따라 1981년까지 뉴욕 현대미술관에 보관되다가 이후 스페인으로 돌아왔다.

파블로 루이즈 피카소라는 이름은 아버지의 성에서 루이즈를, 어머니의 성에서 파블로를 딴 것이다. 피카소는 어머니의 성만 따와서 19세 때부터 파블로 피카소라 서명했다. 그는 스페인 말라가Málaga에서 태어났다. 태어났을 때 숨을 쉬지 않아 산파는 아이가 죽었다고 생각했으나 먼 친척뻘의 의사였던 돈 살바도르가 살려냈다. 방법은 물고 있던 담배 연기를 아이 얼굴에 뿜은 것. 아기는 기침했고 살아났다. 지금이라면 상상할 수 없는 행동이지만 이 이야기는 피카소의 전기에 빠지지 않고 등장하는 단골 메뉴이다. 피카소의 아버지는 시립미술관 관리자이자 미술 선생님이었다. 무명화가로 그림을 그렸기 때문에 피카소의 재능을 누구보다도 일찍 알아보았다.

그림에 필요한 기본은 아버지에게서 배웠다. 피카소가 13세가 되었을 때 아버지는 비둘기를 그린 캔버스를 피카소에게 넘겨주며 비둘기 다리를 그리게 했고 이를 계기로 아버지는 모든 화구를 피카소에게 넘겨주고 다시는 붓을 들지 않았다. 이미 아들이 자신을 넘어섰음을 본 것이다. 화구를 물려받은 피카소는 기류를 탄 새처럼 날아올랐다. 어느 미술학교도 그에게 도움이 되지 않았다. 프라도 미술관Museo del Prado이 그의 학교였고 그곳의 그림들이 그의 선생님이었다.

저런 건 나도 그리겠다

피카소가 14세 때 그린 작품 〈첫영성체Première Communion〉(1896). 피카

소의 공식적인 대형 작품은 이처럼
아카데믹한 종교화이다. 1896년
이 그림은 바르셀로나에서 개최된
가장 중요한 전시에서 일급화가
들의 작품과 함께 전시되었다. 그
다음 해 〈과학과 자비Science and
Charity〉(1897)로 피카소는 마드리
드 국전과 말라가 지역에서 최우
수상과 금상을 받았다. 바르셀로
나도 마드리드도 그를 품기엔 좁
았다.

피카소, 〈첫영성체〉, 1896, 캔버스에 유채
© 2019 Succession Pablo Picasso – SACK
(Korea)

소년 피카소의 그림은 아이의 그림이 아니라 타고난 화가의 그림이었
다." – 거트루드 스타인

피카소는 어린 시절에는 성인처럼 그렸고 말년에는 아이처럼 그렸다.
피카소 전시는 우리나라에도 자주 열리는데 그의 전시 때마다 주변에서
들리는 소리가 있다. "저런 건 나도 그리겠다." 그의 행로를 안다면 절대
할 수 없는 말. 그는 라파엘로Raffaello Sanzio da Urbino의 작품 같은 고전
적인 그림들을 이미 어린 시절에 섭렵했고 그 위에 새로운 양식인 큐비즘
을 탄생시킨 천재 화가이다.

나에게 회화의 목적은 움직임을 그리는 것도 움직이는 세계를 그리는 것도 아니다. 나에게 회화란 오히려 움직임을 고정시키는 일이다. 이미지를 고정시키려면 움직임보다 더 멀리 나아가야 한다. 그렇지 않으면 뒤만 쫓을 따름이다. 나에겐 바로 그런 순간만이 현실이다.

르네상스 이래 원근법이 그림에 도입되면서 그림에서 깊이가 생겨났다. 소실점을 중심으로 원근을 나타내는 표현이 오랜 시간 그 명맥을 유지해왔다. 그런데 새로운 바람이 불었다. 현대 미술의 아버지라 불리는 세잔Paul Cézanne이 나타났고 세잔 이후로 그림을 실제와 똑같이 그리는 것은 의미를 잃었다. 대신 '내가 어떻게 보는가' 하는 주관적 표현이 더 중요하게 되었다.

피카소는 원근법을 없앴다. 그리고 사물이 보이는 각도에 따라 보이는 단면을 분석해서 평면적으로 캔버스에 펼쳐놓았다. 여러 개의 초점을 한 화면에 구성한 이것을 큐비즘이라 한다. 그런 그림들은 어떤 면에선 초현실주의 작품처럼 보이지만, 바로 그것이 초현실주의와 가장 구별되는 점이다. 초현실주의가 무의식의 표현이라면 큐비즘은 있는 사물을 해체하고 해체한 단면을 분석, 재구성한 것이기 때문이다.

완전히 새로운 표현을 창조한다는 것은 단순히 그림을 잘 그리는 영역을 넘어서야 가능한 일이다. 피카소의 이름 앞에 '위대한'이란 수식어가 붙는 이유다. 이렇게 큐비즘의 신호탄을 쏘아 올린 작품이 피카소가 26살에 그린 그 유명한 〈아비뇽의 여인들〉이다.

그 당시 사람들은 내가 〈아비뇽의 여인들〉을 그릴 때 잘못 짚었다고들 했지만, 어쨌든 나는 사람들이 내가 뭔가 짚기는 짚었다는 사실을 알도록 만들었다. 나는 나중에 사람들이 내가 잘못 짚은 것이 아니었단 사실을 인정하리라 확신했다.

스무 살 이후, 피카소는 스페인을 떠나 파리에서 주로 활동했다. 가난했던 타국 생활의 우울함과 절친의 죽음으로 인한 슬픔을 담은 청색 시대를 지나 페르낭드 올리비에Fernande Olivier를 만나 사랑에 빠지고 화사한 색감이 있는 장미시대Rose Period, 1904~1906로 돌입한다. 그리고 연이어 큐비즘이 탄생했다. 그렇게 일찌감치 그는 성공가도에 올랐고 전 세계가 그를 주목했다.

한국전쟁에 주목하다

1951년 피카소는 다시 한번 전쟁의 참상을 고발하는 작품을 그렸는데, 우리나라 황해도 신천 지역에서 벌어진 대학살을 주제로 그린 〈한국에서의 학살Massacre in Korea〉이다. 제목에서 알 수 있듯이 한국전쟁을 주제로 한 그림이다. 그림의 왼편에는 아이를 안고 우는 여인, 체념한 듯 눈을 감은 임신한 여인, 놀라서 달아나는 아이, 이 상황이 뭔지 모르고 흙장난 중인 아이가 그려져 있고 오른편에는 벌거벗은 사람들을 향해 로봇처럼 서서 총을 겨누는 군인들이 있다. 국적을 알 수 없는 여인들,

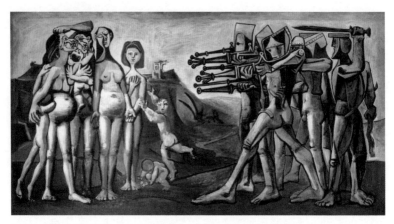

피카소, 〈한국에서의 학살〉, 1951, 나무에 유채 © 2019 Succession Pablo Picasso – SACK (Korea)

투구를 써서 누가 총을 쏘는지 모를 군인들을 그려 넣은 것은 학살의 주체가 누구인지보다는 무방비 상태의 사람들에게 저지르는 인간의 무자비함과 전쟁 자체의 참혹함을 보여주고 싶었기 때문이다.

피카소는 죽기 열두 시간 직전까지 작품 활동을 했는데, 회화뿐 아니라 조각, 도자기, 판화 등 총 5만 점에 달하는 작품을 남겼다. 끊임없이 익숙한 것에 대해 질문하고 새로운 시각을 추구했던 피카소는 92세의 나이에 잠을 자듯 조용히 눈을 감았다.

나는 그림을 그릴 때 가능하면 사람들이 기대하지 못했던 방식으로, 쉽게 받아들이지 못할 정도로 유별나게 그리려 애를 쓴다. (…) 내 작품에 산재한 요소들은 사물을 전통적 회화의 눈으로 보는 데서 출발하긴 한다. 하지만 표현의 방식이 예상을 벗어나고 안정감을 흔들어놓기 때문에 사람들은 스스로에게 질문을 던지지 않을 수 없다.

:: 스페인 바르셀로나, 피카소 미술관

Museum Trip

바르셀로나 피카소 미술관 Museu Picasso de Barcelona 은 피카소 생전인 1963년 그의 바람에 따라 바르셀로 나시 몬카다 거리Carrer de Montcada에 세워진 시립 박물관이다. 총 4200여 점 을 소장하고 있으며, 피카 소의 1917년 이후 작품들, 〈시녀들〉 시리즈(1957)가 포함되어있다.

위치: Carrer Montcada, 15-23, 08003 Barcelona, Spain | http://www.museupicasso. bcn.cat/en

제16장
에곤 실레

Egon Schiele, 1890~1918

임신한 아내의 죽음…
그는 그림으로 가족을 남겼다

Egon Schiele

에곤 실레, 〈검은 스타킹을 신은 발리 노이질〉, 1913, 보드에 수채화 ⓒ 개인소장

아버지의 죽음과 성에 대한 호기심

간결하고 강렬하다. 순정만화에나 나올 얼굴에 도발적인 자세를 취하고 있는 이 그림은 배경도 없고 디테일도 없고 심지어 색도 단조롭다. 관람자를 응시하는 여자의 눈빛이 너무도 당당해서 외려 관람자를 대상화해 버린다. 모델과 관람객 사이 묘한 긴장감이 느껴지는 이 그림은 에곤 실레가 그린 〈검은 스타킹을 신은 발리 노이질Frau mit schwarzen Strümpfen Valerie Neuzil〉이다. 발리는 실레가 그녀를 떠나버리기 전까지 그의 모델이었으며 연인이었다.

에곤 실레는 오스트리아제국 철도청 고급 관료 집안에서 태어났다. 위로 두 누이, 그리고 여동생과 함께 유복한 유년 시절을 보냈다. 그의 어머니는 다소 냉정한 여인으로 그는 어머니와 가깝지 않았다. 기차를 보고 자란 그는 펜을 쥐기 시작하면서부터 기차나 철도를 그리며 놀았다. 종일 그림만 그려서 그의 아버지가 스케치북을 찢어버리는 일도 많았다.

그의 나이 15세 때 아버지가 매독으로 사망한다. 매독균이 중추신경을 파고들어 아버지는 심각한 정신착란 증상을 겪었다. 아버지의 발작을 바라본 어린 실레는 성에 대한 호기심, 그리고 두려움이라는 두 가지 감정에 사로잡힌다. 이 감정은 그에게 예술의 근원이 된다. 가족들은 그가 철도 공무원이 되길 바랐지만 반대를 무릅쓰고 그는 1906년 빈 미술 아카데미Akademie der Bildenden Künste에 입학한다. 빈 아카데미는 한때 클림트Gustav Klimt도 다녔고 히틀러Adolf Hitler는 재수 끝에 낙방해서 가지 못한 곳이다.

전통적인 방법을 고수하려는 아카데미와 창의적인 열정에 가득 찬 실레 사이에는 갈등이 있었다. 급기야 그를 가르치던 그리펜케를Christian Griepenkerl 교수는 그에게 "사탄이 너를 나의 반에 토해놓았다"며 고함을 질렀다. 결국 그는 1909년 아카데미를 떠나 뜻이 맞는 동료들과 '예술가 그룹'을 결성한다.

예술인가, 외설인가

이미 거물인 클림트 주변을 서성이던 실레에게 그를 만날 기회가 찾아왔다. 그의 그림을 처음 본 클림트는 "내가 그린 것보다 훨씬 더 훌륭하다"라고 말하며 단박에 천재의 탄생을 알아보았다. 클림트는 그의 그림을 직접 사주기도 하고 서로 그림을 맞교환하기도 했으며 후원자도 연결해준다.

실레는 클림트의 영향을 받은 그림을 그리다가 이내 독자적인 화풍을 찾는다. 17세의 그와 45세의 클림트는 이렇게 처음 만나 공교롭게 같은 해에 사망할 때까지 우정을 나누었다. 클림트는 자신의 모델이었던 발리Wally를 그에게 소개해주었고 그렇게 만난 둘은 첫눈에 불꽃이 튀어 동거에 들어간다. 21세의 그와 17세의 발리는 그렇게 만났다.

자유로운 생활을 원했던 둘은 빈을 떠나 크루마우(체스키크룸로프Český Krumlov) 지방으로 이사한다. 하지만 무질서한 그들 생활을 비난한 동네 주민들의 원성에 주변 도시 노일렝바흐Neulengbach로 다시 옮긴다. 이곳에서 소녀들의 누드를 그리던 실레는 어린 소녀를 유괴했다는 주민의 신고로 유치장에 갇힌다. 유괴는 거짓으로 판명돼 무죄를 선고받지만 조사 나온 경찰에 의해 아틀리에에 있던 수십 점의 스케치가 청소년을 타락시키는 포르노물로 간주돼 3일간 징역형을 살게 되고 그림 한 점이 불태워지는 사건이 발생한다. 그는 "예술가를 제한하고 억압하는 것은 싹이 트는 생명을 죽이는 살인 행위"라며 항의했고, 이 사건이 알려지면서 오히려 핍박받는 예술가로 유명세를 탄다.

나는 내가 에로틱한 스케치나 수채화를 그렸다는 사실을 부정하지 않는다. 그러나 그것은 어디까지나 예술 작품이다. 나는 그 사실을 입증할 수 있으며, 그 작품들을 조금이라도 이해하는 사람이라면 기꺼이 내 견해를 지지해줄 것이다. (…) 그러나 타락이라는 말은 도대체 어떤 의미일까?

어른들은 그들이 아직 어린아이였을 때 얼마나 타락했었는지, 얼마나 성적 충동에 시달렸는지를 잊어버린 것일까? 어른들은 자신들이 아직 어렸을 때 공포스러운 욕정이 급습해 괴로웠던 기억을 잊어버린 것 같다.

하지만 나는 잊지 않았다. 왜냐하면 나는 그로 인해 정말 무섭고 괴로웠기 때문이다. 그리고 인간은 성에 대한 감각을 잃지 않는 한, 성에 대한 번민으로 괴로워하지 않으면 안 된다고 나는 생각한다. - 그의 옥중일기

실레가 항상 예술인지 외설인지 논란이 되는 그림만 그린 것은 아니다. 여자, 남자, 어린이, 풍경, 초상화 등 다양한 그림을 그렸다. 그는 회화가 진실, 즉 본질을 보여주어야 한다고 생각했는데 그 강박이 수많은 자화상을 탄생시켰다. 여느 자화상과 달리 그의 자화상은 비틀리고 잘리고 일그러져 있다. 미화하거나 포장하지 않고 자신을 드러내고 해체시킴으로써 '나'라는 본질에 다가가고자 했다.

또한 그는 어린 시절 아버지의 죽음으로 인해 머릿속에 각인된 성과 죽음을 고민했다. 은밀하게 감추고 싶은 성을 적나라하게 표현함으로써 정면으로 응시하게 만든다. 그래서 그의 누드화는 관능적이기보다 불편하다. 자화상도 누드화도 그의 그림을 관통하는 키워드는 한결같다. 해체하고 드러내어 본질에 다가가려 했다는 것.

헌신의 아이콘, 발리를 버리다

빈으로 돌아온 그는 발리를 모델로 많은 작품을 그렸다. 하지만 그는 자신에게 최고의 모델이자 헌신의 아이콘이었던 발리에게 한순간에 이별을 통보한다. 동거한 지 4년 만의 일이었다. 1915년, 그는 중산층 집안의 에디트 하름스Edith Harms와 결혼한다.

그는 에디트와 결혼하더라도 계속 관계를 맺길 원한다고 발리에게 말한다. 발리만큼 그의 의도를 정확히 알아채고 표현해줄 모델은 없다고 생각해서였는지, 아니면 너무 미안해서 붙잡는 척이라도 하는 시늉이었는지 모른다. 어찌됐든 그의 말을 들은 그녀는 뒤도 보지 않고 떠나버린다. 상처받은 발리는 종군 간호사로 지원하고 전쟁 통에 사망한다.

실레가 발리와 이별하고 그린 〈죽음과 소녀Death and Girl〉. 이별을 죽

에곤 실레, 〈죽음과 소녀〉, 1915, 캔버스에 유채 ⓒ 빈 미술사 박물관

음으로 표현하고 있는 이 그림 속에 시체처럼 앉아있는 남자는 실레 자신이고 안겨있는 여자는 발리이다. 소녀는 헤어지기 싫은 듯 남자를 껴안고 있다. 남자의 눈은 빛을 잃었다. 식어버린 마음. 정은 옛 정이 좋고 님은 새 님이 좋다더니 이미 남자의 마음이 가버렸다.

반대로 소녀는 '정을 두고 몸만 가니' 도저히 발걸음이 떨어지지 않는다. 마음이 간 것을 도덕적으로 탓할 수 있을까? 껍데기만 남아서 같이 지낸들 그게 과연 누구를 위한 의리가 될까? 사랑이, 감정이, 통제할 수 있는 것이라면 세상 절반의 근심은 사라질 것이다. 내 마음 하나도 내 뜻대로 되지 않는다.

그가 꿈꾸던 가족의 모습

에디트와 결혼한 실레는 행복한 시간을 보낸다. 물론 전쟁 중이라 어수선했지만 그 와중에 전시도 열었고 대성공을 거두었다. 그는 부인을 모델로도 그림을 그렸다. 도발적인 포즈의 발리를 그렸던 것과는 다르게 대부분 정숙한 자세로 우아하게 표현되어있다.

하지만 그 행복은 오래가지 않았다. 전 유럽을 휩쓸던 스페인 독감으로 결혼 3년 만에 에디트가 사망한다. 그것도 아이를 임신한 채로. 그녀의 임종을 지키며 그녀의 마지막 장면을 스케치로 남긴 그도 3일 뒤 같은 병으로 사망한다. 그의 나이 겨우 28세였다.

에곤 실레, 〈가족〉, 1918, 캔버스에 유채 ⓒ 빈 미술사 박물관

  에디트의 임신 사실을 알고 행복한 가족을 꿈꾸며 그가 그린 마지막
유화 작품 〈가족The Family〉. 그의 수많은 자화상에서 보이던 뒤틀림이
나 기괴한 손발 잘림이 없는 평온한 그림이다. 맨 뒤에서 가족을 품고 있
는 자세가 자신감 넘친다. 아이는 해맑은 얼굴로 엄마 다리 사이에 얼굴
을 내밀고 있고 엄마는 평온한 얼굴로 앉아있다. 세 사람의 구조는 안정
적이고 평화롭다. 안타깝게도 이루지 못했지만 그가 꿈꾸던 가족의 모
습이다.

스물여덟 살에 요절한 젊은 천재 화가 에곤 실레. 짧은 생애 동안 유화 300여 점, 수채화와 데생만 2000점 넘게 그렸다. 마치 그의 생이 그리 길지 않으리라는 걸 알았던 것처럼.

:: 오스트리아, 빈 미술사 박물관

빈 미술사 박물관Kunsthistorisches Museum은 빈 링슈트라세Ringstraße 에 위치하며 프란츠 요제프 1세 Emperor Franz Joseph I의 영토 확장을 기념해 세워진 건축물로, 1871년부터 1891년까지 20여 년에 걸쳐 건축되었다. 고대 이집트 및 그리스 로마시대부터 중세시대에 이르는 미술품, 르네상스 및 바로크 예술품 등 다양한 작품을 소장하고 있다. 일부 작품은 호프부르크 Hofburg와 쇤브룬 궁전Schönbrunn Palace에 전시되어있다.

위치: Maria Theresien-Platz, A - 1010 Vienna, Austria | https://www.khm.at/en

제17장

르네 마그리트

René François Ghislain Magritte, 1898~1967

얼굴 가리고 키스하는 남녀, 그는 무엇을 노렸나?

René François Ghislain Magritte

진부함을 극도로 꺼리다

두 남녀가 얼굴에 하얀 천을 덮고 키스를 하고 있다. 강렬하고 기괴하다. 푸른색과 붉은색 그리고 흰색과 검은색의 대비가 강렬함을 배가시킨 르네 마그리트의 〈연인들Les Amants Ⅱ〉 이야기이다. 두 연인은 얼굴을 가리고 자신을 감춘 채 사랑하고 있다. 사랑의 달콤함에 빠져 진실을 보지 못하는 것에 대한 역설일까? 어쩌면 사랑이란 것은 적당히 가리고 있어야 유지 가능함을 보여주는 것인지도 모른다.

누군가는 "저렇게 자신을 감춘 채 사랑한다면 그 사랑이 영원할 수 있을까?"라고 물을 수도 있다. 하지만 반대로 속을 다 까서 보여준다고 그 사랑이 영원하리란 보장도 없다. 마음은 어디로 튈지 모르고 살아 움직이니까. 하얀 천으로 가려진 얼굴이, 숨겨진 진실이 궁금해진다.

르네 마그리트, 〈연인들〉, 1928, 캔버스에 유채 ⓒ 뉴욕 현대미술관

마그리트는 이 고전적인 주제로 여러 버전을 그렸다. 진부한 표현을 극도로 꺼렸던 그는 그림을 통해 명백히 잘 아는 것을 혼동시키고자 했다. 그가 회화를 통해서 사람들에게 전달하고 싶은 건 언제나 '눈에 보이는 것에 의해 은폐된 것을 드러내는 일'이었다. 사고를 마비시키는 사랑과 감각적인 키스 너머의 그 무엇에 대해 다시금 생각해보라는 것. 사랑이라는 아름다운 이름 뒤에 감추고 있는 것은 무엇인지, 사랑의 본질은 무엇인지 그가 묻는다.

"나는 나의 작품을 단순히 보는 것이 아니라 생각하게 하고 싶다."

미래주의 그림의 시작

르네 마그리트는 1898년 벨기에 레신Lessines에서 3형제 중 장남으로 태어났다. 아버지는 재단사였고 어머니는 모자 상인이었다. 그림을 시작한 것은 12세부터였다. 그가 13세이던 어느 날, 평소 우울증으로 몇 번의 자살 시도를 했던 엄마가 상브르강La Sambre에 몸을 던져 세상을 등지는 사건이 발생한다. 그날 그는 엄마의 수습 과정을 지켜보았다. 그녀를 강물에서 건졌을 때, 입고 있던 하얀 잠옷이 그녀의 얼굴을 덮고 있었다. 그래서 사람들은 〈연인들〉의 모티브가 엄마의 죽음 장면과 관련이 있다고 해석했지만 그는 말도 안 된다며 부인했다.

어머니의 죽음 이후, 아버지는 세 아들을 데리고 샤를루아Charleroi로 이사한다. 그곳에 있는 아테네 고등학교에서 고전인문학을 공부했는데, 그는 별 흥미가 없었다. 그 무렵 그의 나이는 15세. 마을 축제에서 뒷날 아내가 될 조르제트 베르제Georgette Berger를 처음 만났다.

1916년 그는 브뤼셀의 아카데미 데 보자르Académie des Beaux-Arts에 입학해 본격적으로 그림을 그리며 예술적 교감을 할 친구들과 교류한다. 이 시기에는 피카소의 영향을 받은 입체주의 또는 여러 시점에서 파악한 이미지를 같은 화면에 중복시키는 미래주의풍의 그림을 주로 그렸다. 미래주의 그림의 시작은 이랬다.

누군가 아마도 장난을 치려고 미래주의 작품전시회의 도판이 실린 카탈로그를 내게 보낸 이상한 일이 생겼다. 이 장난 덕분에 나는 새로운 회화

방식과 친숙하게 되었고 무척 흥분되었다.

1920년 그는 조르제트를 우연히 다시 만났고, 2년 뒤에 그녀와 결혼했다. 생계를 위해 그는 벽지 공장에서 장미를 그리거나 포스터 디자인과 광고 일을 하며 틈틈이 그림을 그렸다.

이것은 파이프가 아니다

그러던 중 '발로리 플라스티치Valori Plastici'에서 발행된 카탈로그에 이탈리아 화가인 조르조 데 키리코Giorgio De Chirico가 그린 〈사랑의 노래 The Song of Love〉를 보고 마그리트는 큰 충격을 받는다. 그는 급기야 눈물을 흘렸다. 그는 '시가 회화를 주도하는 특징'을 감지했으며 사물들의 뜻밖의 조합으로 이루어진 그림에서 회화의 새로운 모습과 가능성을 발견했다. 그리고 전통으로부터, 상투적인 관습으로부터 그는 자유로워졌다. 〈사랑의 노래〉는 그에게 지금의 초현실주의 거장이 되기 위한 마중물이 된 것이다.

파이프를 실제처럼 똑같이 그려놓고 그 아래 프랑스어로 "이것은 파이프가 아니다"라고 써 놓았다. 이 그림의 제목 또한 〈이미지의 배반, 이것은 파이프가 아니다La trahison des images, ceci n'est pas une pipe〉이다. 무슨 뜻일까?

이것은 이미지 재현과 사물의 관계에 대한 이야기이다. 그리고 사물의

르네 마그리트, 〈이미지의 배반. 이것은 파이프가 아니다〉, 1929, 캔버스에 유채 ⓒ 로스앤
젤레스 카운티 미술관(LACMA)

본질과 언어가 일치하느냐에 대한 질문이다. 이것은 파이프를 그린 그림
이지 파이프 자체는 아니라는 점, 그리고 파이프라는 것은 파이프라는
단어와 연관성이 없음에도 당연히 파이프라고 부르는 것에 대한 전복을
일으키고자 했다. 기존의 언어질서의 근간을 흔듦으로써 대상 본질에 대
해 생각하고자 함이었다. 사람들은 이 그림에 충격을 받았고 그를 비난
하는 사람이 많았다.

그 유명한 파이프…? 나는 거기에 대해 비난받을 만큼 받았다! 하지
만… 당신은 그것을 채울 수 있는가? 아니, 그것은 그려진 것일 뿐 파이프
가 아니다. 만약 내 그림 아래에 '이것은 파이프이다'라고 썼다면, 나는 거
짓말을 하는 것이 됐을 것이다!

그는 또한, 사물이 이름을 가진다고 해서 우리가 그보다 더 적합한 이름을 찾을 수 없는 것은 아니라고 말했다. 이 그림은 기호학에서 예시로 가장 많이 사용되는 그림이기도 하다. 전통적으로 회화에서 단어와 이미지를 동일하게 보았지만 그는 이미지와 단어를 별개로 보았다. 그리고 그가 다른 초현실주의 작가들과 구별되는 가장 큰 점은 작품 안에 신비를 담고 있다는 것이다.

그가 말하는 신비란 인습에서 벗어나 현실의 배후에 있는 진정한 세계를 말하며 자신의 모든 작품의 목적이 신비를 드러내기 위함이라고 한다. 그러니 그의 회화를 관통하는 키워드는 사고의 자유로움에 신비를 더한 것이라 말할 수 있다. 그는 또한 미술가라는 이름을 거부했다. 대신 자신은 생각하는 사람이며, 다른 사람들이 음악이나 글로 생각을 나누듯이 자신은 회화를 통해 사고를 교류하는 사람임을 강조했다.

비처럼 쏟아지는 남자들을 그린 이유

아마도 다음 쪽 그림을 보고 그가 붙인 제목을 상상하는 사람은 지구상에 없을 것 같다. 〈헤겔의 휴일Les vacances de Hegel〉이라는 제목. 도대체 물컵과 우산과 헤겔이 무슨 상관이람.

이 그림의 시작은 컵이다. 그는 세상 어디에도 없는 천재적인 컵을 그리고 싶었다. 세잔Paul Cézanne이 사과에 대해 그랬던 것처럼. 그렇게 드로잉만 백 개가 훌쩍 넘었을 때, 그는 쭉쭉 그은 선들에서 우산을 발견했

르네 마그리트, 〈헤겔의 휴일〉, 1958, 캔버스에 유채 ⓒ 개인소장

다. 그리고 물과 도저히 무관할 것 같은 우산을 컵 아래 배치하니 뭔가 번뜩 떠올랐다. 이 작품에 영감을 준 것은 철학적 변증법의 대표자인 헤겔이다.

나는 헤겔이 두 가지 상반되는 작용을 하는 이 물건들에 아주 민감했으리라고 생각했다. 그것은 물을 허용치 않는(물리치는) 동시에 물을 허용한다(품는다). 나는 그가 (휴가 때처럼) 즐거워하거나 재미있어 했으리라는 생각에서 이 그림을 '헤겔의 휴일'이라고 부른다.

참으로 시적이고 철학적이다

이렇게 의외의 사물을 의외의 장소에 배치하는 것을 초현실주의에서는 '데페이즈망dépaysement'이라고 부른다. 원뜻은 '추방하는 것'인데, 특정한 대상을 상식의 맥락에서 떼어내 이질적인 상황에 배치함으로써 보는 이로 하여금 신선한 충격을 주는 것이다. 이른바 낯설게 하기. 이런 기법을 사용해서 알려진 주옥같은 작품들이 셀 수 없이 많다.

애니메이션 영화 〈하울의 움직이는 성〉의 모티브가 된 〈올마이어의 성 La folie Almayer〉(1951), 애니메이션 영화 〈천공의 성 라퓨타〉의 모티브가 된 〈피레네의 성Le château des Pyrénées〉(1959), 영화 〈매트릭스〉에서 스미스 요원의 복제 장면 모티브가 된 (우리나라에선 겨울비로 알려진) 〈골콩드Golconde〉 (1953).

〈골콩드〉는 우리에게 익숙한 팝송인 'It's raining men'의 모티브이기도 하다. "오늘밤 열 시 반쯤 역사상 최초로 하늘에서 남자들이 비처럼 쏟아질 예정입니다. 남자들이 비처럼 쏟아집니다. 할렐루야…"라는 가사의 그 노래다. 폴 매카트니도 르네 마그리트의 팬으로 유명한데, 비틀스의 자회사 애플 레코드 로고도 마그리트의 사과에서 가져왔다. 이외에도 마그리트의 작품은 팝아트와 그래픽 디자인에 큰 영향을 주었다.

골콩드는 다이아몬드 광산이 있던 인도의 옛 도시로, 쇠락해 폐허만 남은 지 오래됐지만 여전히 부의 상징인 곳이다. 정장 차림에 중절모를 쓴 남자들이 하늘에서 내려오거나 떠오르고 있다. 이 옷차림은 작가 자신이 평소에 즐겨 입던 스타일이다.

르네 마그리트, 〈골콩드〉, 1953, 캔버스에 유채 ⓒ 휴스턴 메닐 컬렉션

중절모는 전혀 독창적인 게 아니다. 오히려 중절모 쓴 남자는 익명성 속에 숨은 미스터 애버리지(Mr. Average, 평균인)이다. 나 역시 중절모를 쓰고 있다. 대중 사이에서 눈에 띄고 싶지 않기 때문이다.

생각해보면 재단사 아버지와 모자 상인 어머니에 대한 오마주인지도 모른다. 기발하고 독특한 작품을 다수 남긴 마그리트는 1967년, 69세의 나이로 브뤼셀에서 암으로 눈을 감는다.

 :: 미국, 로스앤젤레스 카운티 미술관

로스앤젤레스 카운티 미술관Los Angeles County Museum of Art은 LA 윌셔에 있는 미술관으로 흔히 LACMA로 부른다. 미 서부에서 가장 규모가 큰 미술관으로, 고대부터 현대까지 전 세계 작품을 14만 점가량 소장하고 있다. 마그리트의 작품 외에도 프리다 칼로의 남편인 디에고 리베라, 앙리 마티스, 피카소의 대표작을 감상할 수 있다.

위치: 5905 Wilshire Boulevard Los Angeles, CA 90036 USA | https://www.lacma.org/

제18장

마르크 샤갈

Marc Chagall, 1887~1985

'사랑꾼' 샤갈이
연인을 추모하는 방식

Marc Chagall

은유로 가득 찬 샤갈의 예술

다음 쪽 그림은 사랑에 빠진 샤갈이 자신의 생일날 그의 사랑 벨라 Bella Rosenfeld Chagall가 꽃다발을 들고 찾아온 장면을 그린 그림이다. 방으로 뛰어 들어오는 벨라도, 그녀를 맞이하는 샤갈도 사랑의 기쁨을 어찌하지 못하고 곡예적인 자세로 공중에 날아올라 입맞춤 한다.

정열의 레드 카펫 위, 깜짝 놀라 눈을 동그랗게 뜬 벨라와는 대조적으로 샤갈은 지그시 눈을 감고 있다. 그가 더 꿈길을 걷고 있는 중임을 표현한 것 같다. 창밖으로 보이는 마을 풍경조차 둘의 사랑을 방해하지 않으려는 듯 조용하고 차분하다. 연령대별 사랑의 느낌이 차이가 있다면 이건 단연코 20대의 사랑이다. 순수한 사랑에의 열정이 가득 찬 몽환적이고 아름다운 작품 〈생일Birthday〉.

마르크 샤갈, 〈생일〉, 1915, 판지에 유채 ⓒ Marc Chagall / ADAGP, Paris – SACK, Seoul, 2019
Chagall ®

1909년, 스물두 살의 샤갈은 여자친구였던 테아의 집에 놀러갔다가 테아의 친구인 벨라(14세)를 처음 만났다. 첫눈에 둘 사이에는 '로미오와 줄리엣'도 울고 갈 불꽃이 튀었다. 어쩌면 진짜로 눈에 불꽃이 튄 사람은 테아일지 모른다. 눈앞에서 친구에게 애인을 뺏긴 셈이니. 샤갈은 벨라를 처음 만난 날을 이렇게 적었다.

나는 벨라가 내 과거, 현재, 미래까지 언제나 나를 알고 있었던 것처럼 느꼈다. 벨라와 처음 만났던 순간 그녀는 내 가장 깊숙한 내면을 꿰뚫는 것처럼 나를 바라보고 있었다. 나는 그녀가 바로 내 아내가 될 사람임을 알았다. (…) 내가 나의 창문을 열기만 하면 벨라가 푸른 공기, 사랑, 꽃들을 데리고 들어왔다. 벨라는 순백의 혹은 검정색의 옷을 입은 채 오랫동안 캔버스 위를 떠다니며 나의 예술을 인도하는 것 같았다.

　- 샤갈, 《나의 인생》에서

벨라는 부유한 보석상의 막내딸이었다. 러시아에서도 손에 꼽히는 우수 학생이었고 러시아 여성 3%만 입학이 가능하다는 모스크바 게리에르여자대학교Moscow State University, Courses Guerrier를 입학한 수재였다. 배우가 꿈이었던 그녀는 꿈을 접고 스무 살의 나이에 스물여덟 살의 샤갈과 결혼한다.

러시아의 유대인 마을 비테프스크Vitebsk에서 태어난 샤갈은 생선가게에서 일하는 아버지와 야채를 파는 어머니 사이 9남매의 장남으로 어렵게 자랐다. 그의 어린 시절의 본명은 모이쉬 자카로비치 샤갈Moishe Zakharovich Shagal. 가난한 형편에 미술은 꿈꾸기 어려웠으나 맹자 엄마 같은 교육열을 가진 어머니 덕분에 그림을 배울 수 있었다.

파리로 간 샤갈은 러시아 출신 유대인 예술가라는 편견에서 벗어나고자 프랑스식 이름인 '마르크 샤갈'로 개명했다. 하지만 그의 정체성은 작품에 고스란히 녹아있다. 1910년, 후원자를 만난 샤갈은 상트페테르부르크Санкт-Петербург를 떠나 파리로 가서 그림을 그리며 모딜리아니Amedeo Modigliani, 레제Fernand Léger, 아키펭코Alexander Archipenko를 만났고 그 유명한 〈미라보 다리〉를 쓴 아폴리네르Guillaume Apollinaire와도 교류한다. 샤갈은 예술의 변방 러시아와 비교 불가한 파리에 대해 "예술의 태양은 파리에서만 빛나고 있었다"라고 표현했다.

1914년 베를린에서 샤갈은 첫 대형 개인전을 성공리에 마치고 국제적으로 이름을 알리게 된다. 이후 여동생의 결혼식에 참석하고 벨라도 만나기 위해 잠시 귀국했으나 제1차 세계대전 발발로 파리로 돌아가지 못한다. 그다음 해에 샤갈은 벨라와 결혼하고 딸 이다Ida를 낳는다.

은유로 가득 차 있는 샤갈의 그림을 이해하기 위한 몇 가지 소재를 알아보자. 평생 외국을 떠돌았던 샤갈은 자신의 고향을 배경으로 연인, 염소, 소, 닭과 같은 동물, 그리고 바이올린과 꽃을 주로 그렸다. 동물들은 어린 시절 고향에서 보았던 친근한 동물이기도 하지만 종교적인 뜻이 함축되어있다.

당시 러시아의 유대교는 '하시디즘'이라는 분파로 사람은 죄를 지으면 사후에 그 영혼이 닭, 염소, 말 등의 동물로 들어간다고 믿었다. 또한 소는 러시아 대륙을, 바이올린은 유대교를 상징한다. 특히 바이올린은 그가 자주 연주했던 애정하는 악기였다. 꽃은 두말할 것도 없이 사랑이다. 〈생일〉에 등장한 작은 꽃다발은 해를 거듭할수록 벨라를 향해 커져만 가는 사랑처럼 커지고 다채로워진다.

나는 환상과 상징이라는 말을 싫어한다. 우리의 모든 정신세계는 곧 현실이다. 그것은 아마 겉으로 보이는 세계보다 훨씬 진실할 것이다.

환상과 상징은 장치일 뿐, 그것을 통해 그가 말하고 싶은 주제는 진실한 현실임을 그는 주장했다.

마르크 샤갈, 〈연인들〉, 1937, 캔버스에 유채 ⓒ Marc Chagall /
ADAGP, Paris – SACK, Seoul, 2019 Chagall ®

사랑을 잃어버린 사랑꾼의 절망

위 그림은 1937년 작 〈연인들The Lovers〉이라는 작품이다. 꽃에 파묻힌 연인들은 벨라에 대한 영원한 사랑을, 아래에 그려진 마을과 동물들은 고향에 대한 향수를 표현했다. 사랑과 향수는 샤갈 그림의 영원한 주제이다. 그 모두를 지켜주기 위해 하늘에서 천사가 내려오고 있다. 1937년 그해는 샤갈이 그토록 갈망하던 프랑스 시민권을 취득한 해였다. 작품에 가득한 파랑, 빨강, 흰색은 프랑스 국기의 색이다. 한 작품에 그는 이토록 많은 것을 녹여냈다.

그즈음에 벨라도 자신의 회고록을 두 권 썼다. 어린 시절 기억을 모아 《타오르는 불꽃The Burning Lights》을, 샤갈과의 만남과 사랑을 모아 《첫 만남First Encounter》을 집필했다. 벨라가 《타오르는 불꽃》을 쓰는 동안 샤갈은 《첫 만남》에 들어갈 삽화를 그렸다.

이 모습이 눈앞에 그려진다. 중년의 부부가 지난날을 회상하며 어떤 일화를 넣을지, 그 글에 어떤 그림이 어울릴지를 이야기하며 보냈을 따뜻한 시간들. 사랑이 주는 감동은 이렇듯 사소한 것에서 나온다. 힘든 시간들을 견디고 오랜 세월을 함께한 사람들만이 가질 수 있는 감정의 공유.

제2차 세계대전, 유대인에 대한 탄압이 심해졌다. 샤갈은 1941년 뉴욕 현대미술관Museum of Modern Art: MoMA의 초청으로 미국으로 간다. 불행히도 1944년 벨라가 급성 감염으로 미국에서 사망했다. 슬픔에 빠진 샤갈은 모든 그림을 벽을 향해 돌려놓고 붓을 놓았다. '그녀의 "yes" 없이는 작품을 끝내거나 서명을 하지 않았다'는 샤갈에게 벨라의 사망은 너무나 큰 절망이었다.

그는 딸 이다와 함께 벨라의 회고록 《타오르는 불꽃》을 프랑스어로 번역하고 삽화를 그리며 절망의 시간들을 버텼다. 그녀 사망 뒤 9개월, 샤갈은 다시 붓을 들어 〈그녀 주위에Autour d'elle〉라는 그림을 그렸다. "우리 인생에서 삶과 예술에 의미를 주는 단 하나의 색은 바로 사랑의 색깔이다"라고 말한 샤갈이 사랑을 잃어버리고 절망 속에서 그린 작품이다.

마르크 샤갈, 〈그녀 주위에〉, 1945, 캔버스에 유채 © Marc Chagall /
ADAGP, Paris – SACK, Seoul, 2019 Chagall ®

벨라와의 만남부터 결혼까지 추억 가득한 고향 비테프스크를 들고
있는 그의 딸 이다와 그 아래 팔레트를 손에 든 채 고개를 거꾸로 향하
고 있는 샤갈, 오른쪽에는 젊은 벨라가 눈물을 닦고 있고 머리 위 신부
는 유령처럼 떠돈다. 짙고 어두운 청색은 죽음에 의한 깊은 우울과 절망
을, 새는 벨라를 구하지 못한 샤갈의 자책을, 촛불은 언젠가 다 타버릴
생명의 유한함을 표현했다.

그런데 샤갈은 왜 자신의 고개를 거꾸로 그렸을까? 주로 내면에의 응

시로 풀이되지만, 내게는 그녀를 떠나보낸 슬픔을 차마 정면으로 바라보지 못함을 표현한 것 같다. 작품을 지배하는 슬픔 속 남자의 눈빛은 공허하기 그지없다. 넋을 놓아버린 사람처럼. 인정하고 싶지 않은, 인정할 수 없는 그녀의 죽음. 서로에게 절대적인 존재로 30년이 넘는 시간을 보내고 상대를 떠나보내는 심정은 어떤 걸까?

딸 이다의 친구였던 스물다섯 살 연하 버지니아Virginia Haggard가 샤갈의 가사도우미로 들어간 후 샤갈은 그녀와 사랑에 빠져 아들을 낳고 7년을 살았다. 하지만 벨라를 잊지 못하던 그를 버지니아는 결국 떠난다. 1952년, 샤갈은 발렌타인(혹은 바바, Valentina/Vava Brodsky)을 만나 그녀와 재혼한 후 다시 활력을 찾고 왕성한 창작활동을 하며 98세까지 살았다.

샤갈을 사랑 충만한 예술가로 살게 해준 5명의 여인들. 어머니, 벨라, 이다, 버지니아, 바바. 그녀들이 없었더라면 샤갈의 그림은 다른 색깔이 되었을지도 모른다. 그래서 나는 그의 말에 격하게 동의한다.

"진정한 예술은 사랑 안에서 존재한다."

:: 미국, 뉴욕 현대미술관MoMA

뉴욕 현대미술관Museum of Modern Art, New York은 20만 점 가까운 근현대 미술을 소장하고 있으며 영문 약자인 모마MoMA로 더욱 많이 알려진다. 모마는 미드타운 맨해튼 Midtown Manhattan과 퀸스Queens 두 곳에 있다. 2019년 10월 21일 재개관한다.

위치: https://www.moma.org/
MoMA: 11 West 53 Street, Manhattan, NY 10019
MoMA PS1: 22-25 Jackson Avenue, Queens, NY 11101

제19장
마리 로랑생

Marie Laurencin, 1883~1956

파국 맞은 사랑,
범인은 '모나리자'

Marie Laurencin

마리 로랑생, 〈예술가들의 그룹〉, 1908, 캔버스에 유채 ⓒ 볼티모어 미술관

스타인 살롱에 어깨를 나란히 하다

위 그림은 마리 로랑생이 그린 〈예술가들의 그룹Group of Artists〉이라
는 작품이다. 그림 중앙에 〈미라보 다리Le Pont Mirabeau〉를 쓴 시인 아폴
리네르Guillaume Apollinaire가 있고 뒤에 서 있는 여인이 마리 로랑생이다.
피카소Picasso가 그의 개와 함께 그려져 있고 턱을 괴고 있는 여인은 피
카소의 연인이자 그의 주옥같은 작품의 모델이었던 페르낭드 올리비에
Fernande Olivier이다. 요즘으로 말하면 커플 인증샷과 같은 커플 초상화
이다.

미술수집가이자 작가인 거트루드 스타인Gertrude Stein이 그림의 소유
주이다. 무명의 피카소를 비롯해 마티스Henri Matisse, 세잔Paul Cézanne, 마
네Édouard Manet 등 수많은 예술가들을 후원하고 그들의 그림을 구입

해 사실상 최초의 현대미술관이라 불릴 만한 곳인 '스타인 살롱The Stein salon'을 운영한 여인. 그곳은 헤밍웨이Ernest Hemingway의 휴식처였고 사티Erik Satie의 연주회장이며 아폴리네르와 로랑생의 데이트 장이었다. 영화 〈미드나잇 인 파리〉의 배경이 된 곳 스타인 살롱. 이곳에서 마리 로랑생의 그림도 어깨를 나란히 했다.

아폴리네르와 로랑생의 인연

마리 로랑생은 유부남 국회의원 아버지와 가정부였던 어머니 사이에 혼외자로 태어났다. 축복은커녕 숨어 지내야 하는 신세였으며 아버지가 누군지도 알지 못한 채 자랐다. 어머니 사망 뒤에야 아버지의 존재(가정 있는 유부남)를 알게 된다. 그나마 양심은 있었는지 그가 두 여자가 살 집을 구해주고 양육비를 지원했기에 마리 모녀는 어렵지 않게 생활했다. 마리가 기억하는 아버지는 '실크 모자를 쓰고 재킷을 입은 신사'로 간간이 집에 들러 조용한 생활을 어지럽히는 존재였다.

파리 바티뇰Batignolles구에서 운영하는 야간 강좌에서 데생을 배우고, 세브르Sèvres에서 도자기에 그림 그리는 것을 배우고, 1904년 윔베르 아카데미Académie Humbert에 입학, 조르주 브라크George Braque와 함께 동문수학하는 사이가 된다. 브라크는 로랑생이 그린 자화상을 보고 그녀의 재능을 읽어냈다. 곧바로 그 그림을 들고 전설의 아틀리에 '세탁선Bateau-Lavoir'으로 가서 그의 동료들에게 보여주고, 그녀는 그들에게 인정받아 세탁선에 드나드는 유일한 여성 화가가 된다.

'세탁선'이란 몽마르트르에 있는 건물 이름이다. 새로운 그림을 모색하는 젊은이들이 낮은 임대료 덕분에 이곳에 모여들었는데 피카소, 앙리 루소, 모딜리아니, 앙리 피에르 로셰Henri-Pierre Roche 등 훗날 거물이 될 예술가들이 여기서 그림을 그렸다. 건물 바닥이 당시 세탁부들이 빨래하던 배와 비슷해서 지어진 이름으로, 피카소는 그 유명한 〈아비뇽의 여인들Les Demoiselles d'Avignon〉을 이곳에서 그렸다.

당시 '대상을 모든 각도에서 포착해 기하학적 형태로 되돌려서 표현하는 입체파'와 '강렬한 원색과 거친 형태를 특징으로 하는 야수파'가 창궐하고 있었다. 이런 예술가들이 모여있는 그곳에 드나들다 보니 그녀는 자연스럽게 그들의 영향을 받는다. 그래서 그녀에게는 다양한 별명이 생겼는데, 조각가 로댕으로부터 '야수파 소녀', 시인 장 콕토Jean Cocteau로부터 '야수파와 입체파 사이 덫에 걸린 불쌍한 암사슴' 같은 별명을 얻었다.

피카소는 친구인 아폴리네르에게 마리를 소개하며 "어제 자네의 부인과 만났어. 자네는 아직 그녀를 모르지만 말이야"라며 아폴리네르의 소설 한 부분을 인용했다. 아폴리네르 역시 혼외자로 태어나 마리와 성장 배경이 비슷했기에 서로에 대한 공감과 이해도가 높았다.

미술평론으로도 맹활약하고 있던 아폴리네르는 "마리 로랑생의 예술은 우리 시대의 명예다"라고 칭송하며 그녀의 그림을 알리는 데 앞장섰다. 그녀는 시인인 그에게 영감을 주고, 그는 그녀의 세계를 넓혀주었다. 둘은 그렇게 승승장구하며 5년이라는 시간 동안 동반 성장했다.

사랑은 흘러간다

달콤한 시간들만큼 가혹한 시간들이 기다리고 있는 건 자연의 법칙인가 보다. 둘 사이에 금이 가기 시작하고 아폴리네르는 어처구니없게도 다 빈치Da Vinci의 〈모나리자La Gioconda〉 도난 사건의 용의자로 지목되면서 둘 사이는 더욱 벌어진다. 진범이 잡혀 누명은 벗었지만, 주변 친구들의 중재에도 불구하고 둘 사이는 결국 파국을 맞는다. 이별 후, 아폴리네르가 그녀를 생각하며 쓴 시 〈미라보 다리〉는 프랑스를 대표하는 시가 되었다.

> 사랑은 흘러간다. 흐르는 강물처럼
> 우리들 사랑도 흘러내린다.
> 인생은 얼마나 지루하고
> 희망은 얼마나 격렬한가.
> 밤이여 오라 종아 울려라
> 세월은 흐르고 나는 남는다.

아폴리네르는 제1차 세계대전에 참전해 심각한 상처를 입고 회복 도중 스페인 독감에 걸려 죽고 만다. 그의 나이 38세였다. 그가 죽고 몇 해 후, 피카소와 마티스가 그림 한 점씩을 팔아 그 돈으로 초라한 아폴리네르의 묘에 묘비를 세워주었는데, 그 묘비에 들어간 글이 기가 막히다.

무게 없는 인생을 나는 얼마나 많이 손으로 달아 보았던가.

읽는 순간 신음 같은 것이 절로 새어나왔다. 이것저것 저울질하느라 얼마나 많은 시간을 흘려보내고 우물쭈물하는 사이에 얼마나 많은 사람들을 잃어버렸는지. 이 무게 없는 인생을 살면서.

아폴리네르와 헤어진 마리 로랑생은 파리로 유학 온 독일인 남작 오토 폰 뷔첸Otto von Wätjen과 급작스레 결혼한다. 그 또한 화가이다. 이 성급한 결정은 큰 시련을 몰고 왔다. 신혼여행 중에 제1차 세계대전이 발발했고 독일인과 결혼한 마리는 국적이 독일로 바뀌면서 프랑스로 돌아갈 수 없게 되었다. 독일이 프랑스와 전쟁을 선포해서 서로 적국의 나라가 되었기 때문이다.

둘은 중립국인 스페인으로 망명했다. 마리는 적국의 아내로 간주되어 프랑스에서 일궈놓은 재산을 압수당하고 명성마저 잃어버린다. 마리의 남편 오토는 아내보다 예술적 재능이 없음에 아내를 시기하고, 귀족으로서 전쟁을 회피한 무력감, 기반 없는 스페인 생활에 좌절해 술과 여자에 빠져 지냈다. 이렇게 맥없이 한순간에 모든 게 무너졌다. 마리는 친구로부터 아폴리네르의 〈미라보 다리〉를 듣고 눈물을 펑펑 쏟았지만 모든 걸 되돌리기엔 너무 멀리 와 버렸다.

마리의 유일한 위안은 마드리드에 위치한 프라도 미술관Museo del Prado이었다. 그곳에서 벨라스케스Diego Rodríguez de Silva y Velázquez, 고야 Francisco José de Goya의 그림을 탐구하며 감당하기 어려운 고통과 외로움, 그 속에 희망을 투영한 그림들을 몇 년에 걸쳐 그렸다. 진흙탕 속에서 피어나는 아름다운 연꽃처럼 그때 그린 작품 대부분이 걸작이다.

엎친 데 덮친 격으로 이 시기에 마리는 아폴리네르의 사망 소식을 듣는다. 둘은 이별 뒤에도 편지를 주고받는 사이였다. 비록 헤어졌지만 사랑과 미움을 넘어서, 마침내 정신적으로 엮여있는 진정한 소울메이트가 된 아폴리네르의 죽음은 마리에게 큰 좌절을 가져다주었다.

전쟁이 끝나고 이혼한 마리는 우여곡절 끝에 파리로 돌아왔다. 그녀의 그림은 어느 유파에도 얽매이지 않았으며, 기품 있고 우아하고 성숙했다. 게다가 그녀만의 고유한 사랑스러운 색채는 파리 사교계의 여인들을 단박에 사로잡으며 최고의 전성기를 맞는다. 초상화 의뢰를 넘치도록 받고 무대 의상, 무대 디자인, 문학 삽화 등 다양한 분야에 진출한다.

사교계를 휩쓴 샤넬, 초상화 수정 요구했지만

이때 코코 샤넬Coco Chanel도 초상화를 의뢰했다. 동갑내기에 둘 다 역경을 딛고 성공한 여자라는 동질감이 둘 사이를 가깝게 했다. 샤넬은 자신을 '사교계를 휩쓴 야망 넘치고 성공한 여자'로 그려주길 바랐으나, 마리가 그린 샤넬은 유약한 몸에 지치고 우울해 보였다.

화려한 겉모습과 달리 그 자리에 오르기까지 수없이 몸부림치고 때때로 좌절했을 그녀의 내면을 표현한 그림이 샤넬에게는 달갑지 않았다.

나는 샤넬의 가게에서 늘 곧바로 대금을 지불하는데 그녀는 나보고 그

마리 로랑생, 〈샤넬의 초상화〉, 1923, 캔버스에 유채 ⓒ 오랑주리 미술관

림을 다시 그려달라고 말해. 샤넬은 좋은 사람이야. 하지만 오벨뉴 지방의
시골 출신 여자라서 어차피 파리의 예술은 알지 못해. 나는 절대 다시 그리
지 않을 거야.

둘 사이는 끝이 난다. 그런데 샤넬이 거부한 초상화는 아이러니하게
도 샤넬을 대표하는 초상화가 된다. 입체파와 야수파의 영향을 받았지

만 독창적인 자신만의 화풍을 추구함에 흔들림이 없었고 누구도 흉내
낼 수 없는 자신의 길을 개척한 마리는 1937년 프랑스 정부로부터 최고
훈장인 레지옹도뇌르 훈장을 받고 명실상부 프랑스를 대표하는 화가
의 반열에 오른다.

내게 그림을 그리는 재능이 조금만 더 있었더라면….
– 그녀의 시집이자 에세이집 〈밤의 수첩〉에서

한 시대를 접수한 그녀조차도 이런 생각을 했다니! 마지막까지 붓을
놓지 않았던 마리는 1956년 심장 발작으로 사망한다. 자신의 유언대로
하얀 드레스에 장미 한 송이를 손에 쥔 채, 평생을 간직한 아폴리네르의
편지들을 가슴에 품고 그녀는 영면에 들었다.

Museum Trip

:: 프랑스, 오랑주리 미술관

오랑주리 미술관Musée de l'orangerie은 파리 콩코드 광장Concorde의 튈르리 공원Jardin des Tuileries에 있는 국립미술관으로 인상주의와 후기인상주의 회화를 소장하고 있다. 세잔, 마티스, 모딜리아니, 모네, 피카소, 르누아르, 마리 로랑생 등의 그림을 관람할 수 있다. 파리 지하철 1호선 튈르리Tuileries역, 1, 8, 12호선 콩코드Concorde역과 가깝다.

위치 :: Jardin Tuileries, 75001 Paris, France | https://www.musee-orangerie.fr

제20장
나혜석

Na Hye-seok, 羅蕙錫, 1896~1948

여자라는 이유만으로,
재능에 발목 잡힌
불운의 천재

Na Hye-seok

여자 이전에 사람이외다

　공허한 눈동자, 우울한 표정, 광대 아래로 흐르는 어두운 그림자. 다음 쪽 그림의 여자는 수심에 가득 차 있는 나혜석의 〈자화상〉이다. 야수파적인 표현주의 기법이 구사된 그림이다.

　시흥군수의 딸로 태어나 유복하게 자라, 진명여자 보통학교를 수석 졸업하고 일본 도쿄여자미술학교에서 그림을 공부한 우리나라 최초 여성 서양화가. 여자로서는 최초로 유화 전시회를 열었으며 수필, 시, 소설, 기행문 등 다양한 장르의 글을 썼던 신여성. 조선 여자 최초로 세계일주 여행을 하고 프랑스에서 그림을 공부한, 최초라는 수식어가 너무 많아 열거하기도 벅찬 그녀의 이름은 나혜석.

　〈자화상〉은 나혜석이 32세에 파리에서 그린 그림이다. 세상 부러울 것

없이 거침없는 그녀의 자화상이 왜 이토록 우울해 보일까?

그녀 나이 19세 도쿄 유학 시절, 오빠 나경석의 친구였던 23세 최승구를 만났다. 요절하지 않았더라면 문학사의 한 획을 그었을 시인, 나혜석은 그와 사랑에 빠졌다. 둘은 민족과 문학과 예술을 알아가며 뜨거운 청춘을 통과하고 있었다.

나혜석, 〈자화상〉, 1928, 캔버스에 유채 ⓒ 수원시립 아이파크미술관

그는 갔지만 그녀는 그를 보내지 않았다

나혜석과 최승구는 몰래 약혼한다. 요양 차 귀국한 최승구를 만나러 도쿄 기숙사에서 몰래 빠져나와 배를 타고 며칠이 걸려 전남 고흥에 도착한 그녀에게 그는 말했다. 이미 얼마 남지 않은 자신의 운명을 아는 듯이. "오해 없이 영원히 잊어주세요."

최승구를 만나고 돌아온 지 며칠 뒤, 그의 사망 소식이 들려왔고 그녀는 발광했다. 최승구 나이 25세였다. 사랑하는 사람을 죽음으로 잃어버리고 미치지 않고 어떻게 견딘단 말인가! 미치도록 아팠고 미치도록 미쳤다. 그를 보내고 15년이 더 지난 후, 그를 그리워하며 쓴 수필이 〈원망스런 봄밤〉(1933). 제목부터 목이 멘다.

슬퍼. 아아. 슬퍼. 해가 가고 날이 가니 슬픈가. 그 얼굴 그 몸이 재 되고 물 되어가는 것이 슬픈가. 그 세계와 내 세계의 거리가 멀리 갈수록 그는 점점 냉정해가고 나는 점점 열중해가는 것이 슬프다. (…) 보름달은 구름에 가려 그 얼굴이 보일 듯 보일 듯할 뿐 아니라 빛까지 가리어 어두컴컴하다. 아아! 소월아! 소월아!(소월은 최승구의 호다.)

그는 갔지만 그녀는 그를 보내지 않았다. 최승구의 그림자가 평생 그녀를 따라다녔다. 그런 그녀를 지켜보는 이가 있었으니 도쿄제국대학 법학도 김우영. 열 살 연상의 그는 결혼했으나 3년 전 상처하고 혼자였다.

몸을 추스른 그녀의 관심은 '조선 여성과 민족'에 있었다. 그녀는

1917년《학지광學之光》이라는 조선 유학생 학우회 기관지에 '여자도 사람이다'라는 주제로 글을 쓰고 그림을 그렸다. 동경여자유학생친목회를 조직해《여자계女子界》를 창간하고 자신이 쓴 소설 〈경희〉를《여자계》 2호에 실었다. 〈경희〉는 우리나라 최초의 페미니즘 소설이다. 나혜석은 봉건적·인습적 관념의 억압성을 드러내는 글들을 써서 사회적 비난과 냉대를 받기도 했지만 여성인권 향상을 위한 글을 멈추지 않았다.

옛 애인의 무덤으로 신혼여행을 떠나다

1921년 〈매일신보〉에 헨리크 입센Henrik Johan Ibsen의《인형의 집Et Dukkehjem》이 번역되어 연재되었는데, 마지막 회에 나혜석은 시 〈인형의 家〉를 써서 실었다. 10년 후, 이 시는 그녀의 운명이 되었다.

1
내가 인형을 가지고 놀 때
기뻐하듯
아버지의 딸인 인형으로
남편의 아내 인형으로
그들을 기쁘게 하는
위안물 되도다.

후렴

노라를 놓아라.

최후로 순수하게

엄밀이 막아논

장벽에서

견고히 닫혔던

문을 열고

노라를 놓아주게.

2

남편과 자식들에게 대한

의무같이

내게는 신성한 의무 있네.

나를 사람으로 만드는

사명의 길로 밟아서

사람이 되고자

(…)

독립운동에도 적극 가담했던 그녀는 1919년 이화학당 사건의 배후로 지목되어 서대문 형무소에 감금된다. 이때 그녀의 변호를 맡은 이가 김우영이었다. 그의 변론에 힘입어 5개월 만에 출소한 그녀는 이를 계기로 그와 결혼까지 이르게 되는데 그녀의 결혼 조건이 세간의 화제를 모았다. 1. 평생 사랑할 것 2. 그림을 방해 말 것 3. 시어머니와 따로 살 것. 4. 첫사랑 최승구의 묘지에 비석을 세워줄 것.

청첩장도 신문광고를 통해 돌렸다. 김우영은 모든 조건을 받아들였고, 신혼여행도 최승구의 묘가 있는 고흥으로 가서 그의 묘비를 세워주었다. 하지만 사람의 마음을 약속으로 잡을 수는 없는 법. 그때의 그녀는 너무 어렸다.

결혼 뒤에도 그녀의 머릿속을 지배한 네 가지 화두가 있었으니 첫째, 사람은 어떻게 살아야 잘 사나? 둘째, 남녀 사이는 어떻게 살아야 평화스럽게 살까? 셋째, 여자의 지위는 어떠한 것인가? 넷째, 그림의 요점은 무엇인가? 였다. 그녀는 사람으로, 여자로, 예술가로 삶에 대해 치열하게 고민했다.

때마침 외교관 신분이던 남편에게 세계일주 여행 기회가 왔고 그녀는 그와 함께 떠났다. 아이 셋과 노모가 마음에 걸렸지만 견식을 넓히고 싶은 마음의 파동을 멈추게 할 수 없었다.

남자는 칼자루를, 여자는 칼날을 쥔 세상

경성에서 기차를 타고 시베리아를 횡단해서 유럽까지. 한 달 만에 파리에 도착한 나혜석은 비시에르Roger Bissière의 화실에 다니며 그림을 그렸고 김우영은 법학 공부를 위해 베를린에 머물렀다. 그는 파리에 와 있던 자신의 친구이자 천도교 지도자, 민족 대표 33인 중 1인이었던 최린에게 그녀를 부탁한다. 잘못된 만남이 시작되었다. 둘은 걷잡을 수 없는 감정에 빠져들었다.

나혜석의 〈자화상〉은 그녀가 최린을 처음 만났을 무렵에 그린 그림이다. 왜 그렇게 상념이 가득 차 있는지 보인다. 그녀는 흔들리고 있었다. 그녀가 일생을 통해 말하고 싶었던 키워드 "여자도 사람이외다"를 관통하는 그림이다. 그녀는 사람이니 사랑에 빠지고 실수할 수도 있고, 실수를 통해 성장할 수 있음을 말하고 싶었으나 정조 관념이 없는 부도덕한 여인으로 낙인찍히고 만다.

그녀는 외려 이런 감정들이 남편과의 관계에 도움이 된다고 했다. 자신의 감정에 충실한 것은 진보한 사람의 자연스러운 감정임을 피력했다. 그녀는 도덕과 법이 아니라 사람의 감정에 대해 말한 것이었으나, 그 시절 조선에서는 통하지 않았다. 물론 지금도.

도덕의 잣대를 들이대며 목소리를 높이는 것은 쉽다. 그래야 자신도 도덕군자라고 포장하기 쉬우니 말이다. 하지만 유사 이래, 수많은 사람들의 인생사를 들여다보면 무너지는 댐을 주먹으로 막는 게 더 쉬워 보인다. 마음이 가는 것을 무슨 수로 막는단 말인가? 선택과 그에 따르는 책임이 있을 뿐.

이혼에 이르기까지 무수한 일들이 있었다. 사랑했지만 막상 자신에게 해가 될까 봐 전전긍긍, 그녀를 회유하고 밀어내기 바쁜 최린과 복수심에 눈이 멀어 이혼 전부터 다른 여자와 동거하는 남편에게 세상은 한결 너그러웠다. 물론 사람들의 입방아에 남편도 괴로웠으리라. 그녀 때문에 세상의 웃음거리가 되었으니.

남자는 칼자루를 쥔 셈이요, 여자는 칼날을 쥔 셈이니 남자 하는 데 따라 여자에게만 상처를 줄 뿐이지. 고약한 제도야.

남자는 첩을 쌓아두고 살아도 능력남으로 추앙받지만 여자에게는 돌이 날아오는 상황에 대해 1933년 〈조선일보〉에 기고한 그녀의 글이다. 남편이 복수의 칼을 휘두를 때마다, 최린이 자기방어의 칼을 휘두를 때마다 그녀는 베어졌다. 그녀는 칼날을 쥐고 있으니 몸부림칠 때마다 피가 철철 흐르고 살점이 뚝뚝 떨어져 나갔다.

그녀의 자화상은 말하고 있다. 나는 인형이 아니요, 살아서 생각하고 움직이는 사람이외다. 사랑하고 흔들리고 고뇌하고 후회하는, 여자 이전에 사람이외다.

이해받지 못한 아까운 재능

요즘 남자의 모습이라 해도 손색이 없는 〈김우영 초상〉은 90여 년 전 남자를 그린 초상화이다. 잘 빗어 넘긴 머리, 차려입은 옷, 양복 주머니에 꽂힌 만년필이 그의 학식과 경제력을 말해준다. 전체적으로 유한 인상이지만 꽉 다문 입술과 두드러진 광대가 고집스럽게 보이는 이 그림은 1928년경 나혜석이 그린 그녀의 남편 김우영의 초상이다.

세계여행을 마치고 귀국한 두 사람은 경제적인 어려움에 봉착한다. 여행경비를 많이 지출한 데다가 귀국 후 그가 빨리 자리를 잡지 못했기 때문이다. 그녀는 부산 동래에 있는 시가에서 머물고 그는 서울에서 일자리를 알아보느라 둘은 떨어져 있었다.

여행 뒤, 제대로 된 선물을 받지 못한 시댁 식구들의 불만이 핍박으로 돌아왔다. 세계여행씩이나 하고 왔으니 돈이 많을 것으로 짐작해 시어머니, 시누이, 시

나혜석, 〈김우영 초상〉, 1928년경, ⓒ 수원시립 아이파크미술관

삼촌, 시사촌 줄줄이 그녀에게 얹혀 그녀를 괴롭혔다. 경제적 어려움을 털어놓은 날에 집안에 큰 분란이 났다. 게다가 남편이 돈 많은 기생과 가까이 지내며 그녀와의 이혼을 여기저기 타진하고 다닌다는 소문을 듣게 된다.

누구 하나 도와주는 사람 없이 시댁 식구들에게 둘러싸인 그녀는 외로워진다. 최린에게 편지를 썼다. 경제적으로 도와달라는 말과 다시 만나고 싶다는 이야기였다. 결국 이 편지는 와전돼 남편의 귀에 들어간다. 이 사건을 최종 빌미로 이혼한다. 그녀는 자신의 잘못을 사과하고 자식들을 위해 이혼만은 말자고 애원했으나 그의 품에는 이미 다른 여자가 있었다. 그녀에게 달콤한 약속들을 쏟아내며 철석같이 지켜줄 것 같던

최린도 등을 돌렸다. 그녀는 최린을 상대로 '정조유린죄' 명목으로 소송을 걸었다. 모든 것을 다 잃은 그녀와 반대로 최린은 친일에 적극 가담하며 승승장구하고 있었으니 그녀로서는 분할 수밖에.

누군가를 미워하고 복수한다는 것은 자신도 그 이상으로 파괴됨을 감수해야 하는 일이다. 대부분의 복수는 그래서 밑지는 장사이다. 나혜석은 이 소송으로 약간의 합의금을 받았으나 세간의 조롱거리가 되어 끝없이 추락하고 만다. 최린은 끄떡없었다.

조선 남성 심사는 이상하외다

〈김우영 초상〉은 그녀의 마음이 남편에게도 있었음을 보여주는 것 같다. 아니면 최소한 남편에게 충실하고자 했던 노력 같은 것일 수도. 싫어하는 사람을 이토록 단정하고 잘 포장해서 그릴 리가 있는가? 흔들리고 있지만 균형추를 맞추려는 그녀의 몸부림이었는지도 모른다. 자신의 자화상과 김우영의 초상화를 같은 시기에, 같은 크기로, 비슷한 색감으로 나란히 그렸다는 것은 무엇을 의미하는 걸까?

이혼 후 그녀는 그림으로 재기하려고 노력했다. 1930년 제9회 조선미술전람회에 〈화가촌〉〈어린이〉 등을 출품해서 입선, 그다음 해에는 〈정원〉을 출품해 특선을 차지했다. 특히 〈정원〉으로는 일본의 제전帝展에서도 입선해 세간의 인정을 받는 듯했다.

하지만 주홍글씨가 찍힌 그녀에게 사회는 가혹했다. 몇 차례 소품집을 위한 전시를 열었지만 대중들로부터 철저히 외면당한다. 곤궁한 생활에 그녀는 몇 군데 글을 기고하며 근근이 생활했는데, 놀라운 건 이 와중에도 세상과 타협하지 않는 그녀의 글이다.

"정조란 그저 취미다. 배고프면 밥을 먹듯이, 사랑하면 육체적인 것은 자연스럽다"고 말한 그녀의 말은 그 시대가 품기엔 너무 앞선 표현이었다. 그 말에 동조라도 하는 날에는 자신도 똑같이 헤프고 정욕에 눈이 멀어 몸을 아무렇게나 굴리는 천박한 사람으로 취급당할지 모르는 공포감에 다들 말의 본질을 보려 하지 않았다. 순결 찬양, 고상 우선주위는 고결한 사람의 필수요건이라 여겼으니까.

1934년, 그녀는 잡지 《삼천리》에 〈이혼고백서〉를 기고했다. 남편을 만나기까지의 과정과 세계일주, 최린과의 연애, 그리고 이혼에 이르기까지 전 과정을 썼을 뿐만 아니라, 봉건적인 사회에 대해 신랄하게 비판도 했다. 다음은 그녀가 쓴 글의 한 구절이다.

조선 남성 심사는 이상하외다.

자기는 정조관념이 없으면서 처에게나 일반 여성에게 정조를 요구하고 또 남의 정조를 빼앗으려고 합니다. (…)

조선 남성들 보시오.

조선 남성이라는 인간들은 참으로 이상하고, 잘나건 못나건 간에 그네들은 적실, 후실에 몇집 살림을 하면서도 여성에게는 정조를 요구하고 있구려.

하지만, 여자도 사람이외다!

한순간 분출하는 감정에 흩뜨려지기도 하고 실수도 하는 그런 사람이외다. 남편의 아내가 되기 전에, 내 자식의 어미이기 전에 첫째로 나는 사람인 것이오. 내가 만일 당신네 같은 남성이었다면 오히려 호탕한 성품으로 여겨졌을 거외다.

조선의 남성들아, 그대들은 인형을 원하는가, 늙지도 않고 화내지도 않고 당신들이 원할 때만 안아주어도 항상 방긋방긋 웃기만 하는 인형 말이오. 나는 그대들의 노리개를 거부하오.

내 몸이 불꽃으로 타올라 한 줌 재가 될지언정, 언젠가 먼 훗날 나의 피와 외침이 이 땅에 뿌려져 우리 후손 여성들은 좀 더 인간다운 삶을 살면서 내 이름을 기억할 것이라.

여자 사람의 울부짖음

나는 모든 것에 정면승부를 거는 그녀의 용기와 솔직함에 탄복한다. 이것이 도덕적으로 옳은 것인가 아닌가를 논하기 이전에 그녀의 굴하지 않는 그 정신세계 말이다. 배려라는 가면 뒤에서 남 눈치 보며 전전긍긍하는 나는 발끝에도 미치지 못할 그 경지. 아마도 이 강직함이 그녀가 끝까지 친일을 하지 않은 원천이지 않았을까?

남편 김우영과 한때 연인이었던 최린은 둘 다 친일로 돌아서 호의호식했다. 일본은 그녀에게 재기의 발판을 약속하며 개명과 친일 관련 강의나 글을 제의했으나 "내가 참여해야 할 이유가 없다"며 일언지하에 거절했다. 설사 거리로 나앉게 될지언정.

사람들은 그녀에 대해 '이런 점은 페미니스트의 선각자, 이런 점은 페미니스트로서의 한계'라고 가져다 붙인다. 그녀의 목소리는 들리지 않는 것처럼. 그녀는 시종일관 "여자도 사람이다"라고 소리쳤건만.

제목도 처절한 시, 〈외로움과 싸우다 객사하다〉에 나오는 여자 사람의 울부짖음을 들어보자.

四남매 아해들아!
에미를 원망치 말고 사회제도와 잘못된 도덕과 법률과 인습을 원망하라.
네 에미는 과도기에 선각자로 그 운명의 줄에 희생된 자였더니라.
후일, 외교관이 되어 파리 오거든
네 에미의 묘를 찾아 꽃 한 송이 꽂아다오.

이혼과 사회적 냉대에 지친 그녀는 고향 수원으로 간다. 집과 가까운 화령전과 서호, 화성을 찾아 그림을 그렸다. 당시의 대표적인 작품의 하나가 〈화령전 작약〉(1935)이다. 화령전은 수원에 있는 정조대왕 사당이다.

사람에게 지친 경우 위로받을 곳은 자연뿐이다. 야수파나 인상파의 영향을 받은 지점이 어딘지를 논하는 것은 무의미하다. 아름다워서 슬픈 이 그림은 A4용지만 한 작은 그림이다. 그녀의 서사를 알고 있는 나는 그래서 이 그림이 섧다. 이 작은 나무판을 앞에 두고 꽃잎 하나하나를 그리며 흘렸을 눈물과 한숨의 깊이를 감히 짐작하는 까닭이다.

나혜석, 〈화령전 작약〉, 1935, 목판에 유채 ⓒ 호암미술관

구름 사이로 빛이 환하고 꽃들은 빛을 향해 있다. 그녀를 환하게 비춰줄 빛을 갈구하는 마음이었을까? 평온한 풍경을 그리며 마음의 평화를 찾았을 듯 싶다. 그녀는 수원 화성이 로마 성보다 로맨틱하고 그림을 그릴 만한 곳이라고, 지인에게 보낸 엽서에 쓸 정도로 이곳을 사랑했다.

먹고살기 위해 세운 미술아카데미도 실패하고 전시도 실패, 그 와중에 열두 살 큰아들이 폐렴에 걸려 사망한다. 화실에 불이 나서 그렸던 그림도 거의 소실되었다. 그 충격으로 실어증에 걸리고 파킨슨병에 심한 수전증이 있어서 더는 그림을 그릴 수 없게 된다. 사회로부터 철저히 고립되어 요양원을 전전하던 그녀는 어느 날 흔적도 없이 사라진다. 관보에 무연고 시신을 찾아가라는 광고가 실렸다.

1948년 12월 10일 서울 원효로의 시립자제원에서 한 행려병자가 눈을 감았다. 신원미상, 무연고자, 사망 원인 영양실조, 실어증, 중풍… 추정 연령 65~66세.

나혜석, 그녀의 나이 53세였다.

 :: 대한민국, 수원시립 아이파크미술관

수원은 나혜석의 고향으로, 수원시립 아이파크미술관에는 나혜석의 그림이 소장되어 있다. 2015년 화성 행궁 광장에 설립되었다. 화성을 건축한 정조대왕의 혁신성, 나혜석의 치열한 정신성을 전시에 기리고자 한다. 1호선 수원역(분당선) 또는 매교역에서 가깝다.

위치: 경기도 수원시 팔달구 정조로 833 | http://sima.suwon.go.kr/kor/index.do

제21장

프리다 칼로 드 리베라

Frida Kahlo de Rivera, 1907~1954

그 지독한 사랑…
나도 비로소 가면을 벗는다

Frida Kahlo de Rivera

부서진 기둥, 평화를 빼앗긴 나날들

삭막한 사막을 배경으로 한 여자가 온몸에 못이 박힌 채 눈물을 흘리고 있다. 어느 신전의 기둥이 그녀의 척추를 대신하고 있지만 그마저도 산산이 부서져 있다. 사막은 쩍쩍 갈라져 있고 그녀는 의료용 코르셋에 의지해 몸을 간신히 세우고 있다. 잔혹한 상황 속에서 그녀의 표정은 외려 담담하다. 고통을 있는 그대로 보여주는 치열한 자기 응시의 힘. 그녀의 자화상이 특별한 이유이다.

여섯 살에 소아마비로 오른쪽 다리에 장애를 갖게 된 소녀는 자라서 멕시코에서 가장 입학하기 어려운 명문 국립예비학교Escuela Nacional Preparatoria에서 공부한다. 기쁨도 잠시, 하교 중 그녀가 탄 버스와 전철이 충돌하는 사고가 발생해, 버스 손잡이 역할을 하던 쇠기둥이 그녀의

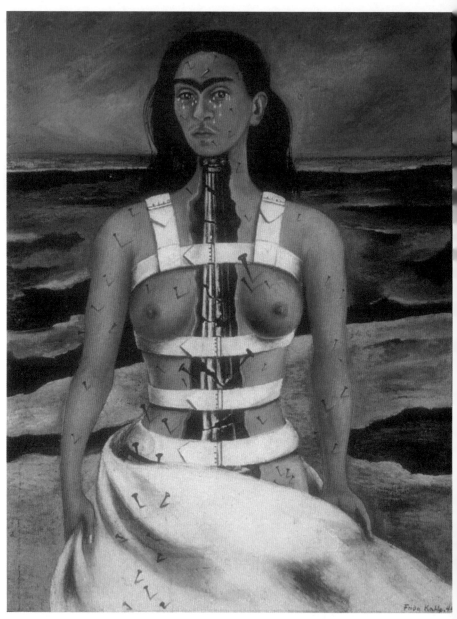

프리다 칼로, 〈부서진 기둥〉, 1944, 목판에 유채 ⓒ 돌로레스 올매도 박물관

몸을 관통했다. 쇄골, 척추, 갈비뼈, 골반이 골절되었고 왼쪽 어깨 탈골, 오른쪽 다리 탈골, 왼쪽 다리는 11조각이 났다. 사고 당시 18세였던 그녀의 이름은 프리다 칼로Frida Kahlo de Rivera. 독일어로 평화를 뜻하는 '프리다'라는 이름을 가졌지만 아이러니하게도 그녀는 고통으로부터 단 한 순간도 '평화'롭지 못했다.

퍼즐조각처럼 부서진 뼈를 맞추는 수술만 서른두 번. 온몸을 깁스한 채 아홉 달을 견뎌야 했던 그녀는 시간을 보내기 위해, 외로움을 달래기 위해, 끔찍한 고통을 잊기 위해 그림을 그리기 시작했다. 팔을 제외하고는 꼼짝할 수 없었던 그녀는 침대 위에 이젤을 놓고 천장에 거울을 달아 거울에 비친 자신의 모습을 그리기 시작했다. 물론 전문적인 미술교육은 받은 적이 없었다.

산산조각 난 몸, 난도질당한 마음

기적처럼 걸을 수 있게 된 스물한 살의 프리다는 멕시코 벽화미술의 거장 디에고 리베라Diego Rivera를 찾아가 자신이 화가로서의 자질이 있는지 자신의 그림을 평가해달라고 한다. 멕시코에서 이미 이름을 떨치고 있던 그에게는 어처구니없는 요구였지만 운명이었는지, 거절할 수 없는 힘에 이끌려 승낙한다.

프리다의 자화상을 본 디에고는 미술에 대한 기본기는 없지만 묘한 에너지가 뿜어 나오는 그녀의 그림에 경도된다. 스물한 살의 나이 차이,

두 번의 이혼과 바람기로 잠잠할 틈 없는 디에고와 프리다는 사랑에 빠지고 결혼한다.

결혼 초기의 프리다는 화가의 아내로 살았다. 하지만 금세 다시 시작된 디에고의 여성 편력은 지칠 줄 몰랐고 프리다는 상처받고 외로워진다. 그가 그럴수록 그에 대한 집착은 강해지고 그 집착은 그의 아이를 갖는 것으로 연결되었다. 하지만 그것마저도 그녀에게 허락되지 않았다. 세 번의 유산 끝에 더는 아이를 가질 수 없는 몸이 되고 철제 코르셋 없이는 몸을 세울 수 없는 지경이 된다. 결정적으로 디에고는 프리다의 여동생과 바람을 피워 그녀의 가슴에 대못을 박았다.

교통사고가 그녀의 몸을 짓이겼다면, 디에고는 그녀의 마음을 난도질했다. 그리고 운명은 그녀 앞에 캔버스를 가져다 놓았다. 더 힘들게, 더 아프게 자신을 사지로 몰아가며 그녀의 몸속에 남은 한 방울의 피라도 더 짜내서 캔버스에 옮기라 한다. 그런 고통 속에서 태어난 작품이 〈부서진 기둥La Columna rota〉이다.

나는 그럴 수 없었다

나는 혼자일 때가 많았고 가장 잘 아는 주제가 나였기 때문에 나를 그린다.” – 프리다 칼로의 일기에서

그녀의 자화상을 마주하고 있자면 마치 깜깜한 무대 위에 그녀와 내

가 단둘이 서 있고 핀 조명이 우리 둘만 비추고 있는 것 같다. 피눈물을 흘리고 있는 그녀에게 동정심은 값싸고 위로는 어설프다.

그녀가 나를 응시한다. 눈물을 흘리는 채로 마음을 숨기지도, 포장하지도 않고, 피하지도 않는다. 겹겹이 찐득하게 내 얼굴에 달라붙어 있는 가면이 답답하게 느껴진다. 나도 비로소 가면을 벗는다. 그렇게 서로를 응시하면서 깨닫게 되는 게 있다. 있는 그대로의 나를 보여주는 자체가 예술이고 감동이고 그 누군가에는 강력한 힘이 되는 것임을.

내 그림들은 고통에 관한 이야기를 담고 있다. 적어도 몇 사람은 이 부분에 관심을 가져주리라 생각한다. 혁명적인 것은 아니다. 왜 내 그림이 호전적이기를 기대하는가? 나는 그럴 수 없다. 그림이 내 삶을 완성했다. 나는 세 명의 아이를 잃었고 내 끔찍한 삶을 채워줄 다른 것들도 많이 잃었다. 내 그림이 이 모든 것을 대신해주었다.

나는 그녀의 일기를 읽다가 뜬금없이 "나는 그럴 수 없다"에서 눈물을 쏟았다. 나도 그럴 수 없었던, 그래서 부대꼈던 내 시간들을 껴안아 주는 말. 모든 예술이 그렇듯이 그림도 글도 보는 사람의 서사에 따라 읽히기 마련이니까.

조각가 이사무 노구치野口勇, 러시아 혁명가 트로츠키Tроцкий, 사진작가 니콜라스 머레이Nickolas Muray 등등. 디에고를 향한 마음을 접을 길 없는 프리다는 수많은 염문을 뿌렸지만, 그녀의 일기장 속에는 디에고에 대한 사랑이 절절하다. 허기진 아이가 엄마 젖을 찾듯 그녀는 외로움의 허기를 달래줄 누군가를 찾고 또 찾았다.

눈물겨운 인생, 그래도 만세!

1939년 피에르 콜Pierre Colle 갤러리에서 열린 멕시코전Expo Mexique
에 출품해 피카소Pablo Picasso, 칸딘스키Василий Кандинский, 뒤샹Marcel
Duchamp의 찬사를 받으면서 그녀는 유명해진다. 특히 칸딘스키는 그녀
의 자화상을 보며 눈물을 흘렸고, 루브르Le musée du Louvre에서 그녀의
자화상을 구입하기도 했다. 프리다는 루브르에 진출한 중남미 출신의
첫 여성 작가가 된다.

같은 해 디에고와 프리다는 이혼한다. 하지만 1년 만에 둘은 '성관계
를 갖지 않는 것'과 '경제적인 독립'을 조건으로 재혼한다. 그녀의 그림
속 해와 달처럼 만날 수 없지만 서로를 계속 끌어당기고 있어서 영영 헤
어질 수도 없는 관계. 만유인력의 법칙이 여기에도 있다.

재혼 후 "둘은 행복하게 잘 살았습니다"로 끝났으면 좋았으련만 인
생이 그럴 리가. 다시 디에고는 프리다의 친구였던 배우 마리아 펠릭스
María Félix와 염문을 뿌린다. 그를 놓아버릴 수 없었던 프리다는 자신의
이마 한가운데에 그를 그려 넣는 자화상을 탄생시킨다. 디에고가 자신
의 머릿속을 지배하고 있음을 있는 그대로 인정하고야마는 그녀다운 그
림이라는 생각이 든다. 그 자화상이 바로 〈테우아나 차림의 자화상 혹
은 내 마음 속의 디에고Diego on My Mind, Self-Portrait as Tehuana〉이다.

프리다 칼로, 〈테우아나 차림의 자화상 혹은 내 마음 속의 디에고〉, 1943, 메소나이트
에 유채 ⓒ 하케스&나타샤 쳄만 소장

46세에 그녀는 첫 개인전이자 마지막 개인전인 '칼로 회고전'을 연다.
진통제 없이는 한순간도 견딜 수 없었던 그녀는 침대에 누운 채 구급차
에 실려 자신의 개인전에 참석한다. 시간이 얼마 남지 않았음을 알았기
에 주변의 만류에도 불구하고 그 자리를 함께했다.

프리다 칼로, 〈인생이여 만세〉, 1954, 메소나이트에 유채 ⓒ 프리다칼로 박물관

몇 달 후 그녀는 영원히 눈을 감았다. 그녀의 마지막 작품의 제목이 눈물겹다. 〈인생이여 만세Viva la vida〉. 그녀의 작품은 이후에 많은 예술가들에게 영향을 미친다. 록그룹 콜드 플레이Coldplay의 '인생이여 만세 Viva la vida'도 이 작품에서 영감을 받은 곡이다.

수박을 그린 정물화를 통해 그녀는 말하고 싶었을지 모른다. 겉은 단단하지만 속은 한없이 부드럽고 쉽게 으스러지는 자기 자신을, 스치는 바람에도 핏물이 뚝뚝 떨어지는 자신의 마음을. 그녀는 죽기 전 마지막 일기장에 이렇게 적었다.

"이 외출이 행복하기를 그리고 다시 돌아오지 않기를…."

:: 멕시코, 프리다칼로 박물관

프리다칼로 박물관Museo de Frida Kahlo은 원래 프리다 칼로가 태어나서 죽을 때까지 지내던 그녀의 집이자 작업실이었다. 블루 하우스Blue House라고도 부르는 그 집은 프리다 칼로 사후 4년인 1958년 프리다칼라 박물관이 되었다. 멕시코시티에서 가장 유명한 박물관 중 하나이다.

위치: Londres 247, Del Carmen, 04100 Ciudad de México, CDMX, México | https://www.museofridakahlo.org.mx/es/el-museo/

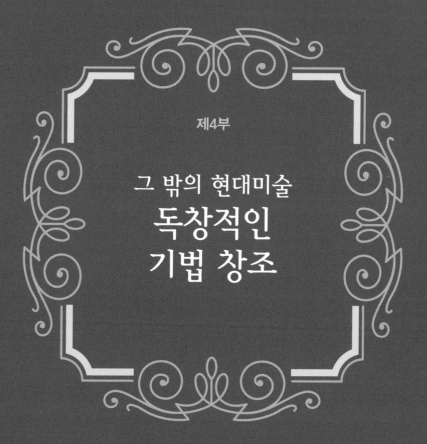

제4부

그 밖의 현대미술
독창적인
기법 창조

"산 사람의 피부색 아냐"
비평가들이
작정하고 헐뜯은 '명작'

John Singer Sargent

스페인 플라멩코와 '엘 할레오'

　캐스터네츠 소리, 현란한 기타소리, 박수를 치며 발 구르는 소리와 함께 오른쪽 끝, 손을 든 여인들 입에서 '할레오jaleo'라고 소리치는 목소리가 들릴 듯하다. 시각적으로도 역동성을 지녔을 뿐 아니라 온갖 사운드가 지원되는 음악적 요소가 풍부한 그림. 무대 아래서 쏘아 올리는 조명 탓에 손에 쥔 치맛자락은 음영의 깊이가 깊어져 생동감이 느껴지고 춤을 추는 여인의 그림자는 벽으로 확대되어 존재감이 압도적이다.

　악기를 무릎에 올리고 관중을 바라보는 남자, 박수를 치는 남자, 빈 의자와 그 위 벽면에 걸린 기타 두 개, 기타 치는 남자 둘, 심지어 머리를 위로 꺾고 잠이 든 남자, 그 옆으로 열심히 환호하는 남녀 셋. 빛과 어둠 속에 자칫 칙칙해 보일 수 있는 그림을 의자 위 오렌지와 마지막 손을

존 싱어 사전트, 〈엘 할레오〉, 1882, 캔버스에 오일 ⓒ 보스턴, 이자벨라 스튜어트 가드너 박물관

들고 있는 여인의 오렌지색 드레스가 살렸다. 이 지나치지 않는 오묘한 깔맞춤. 무대 중앙에서 몸을 뒤로 젖힌 채 오른쪽으로 걸어가며 무아지경에 빠진 채 춤을 추는 매력적인 여인이 압권이다.

이 춤은 스페인 안달루시아 지방의 민속무용인 플라멩코이다. 한번 보면 혼을 쏙 빼놓는 춤.

누군가는 춤을 추는 여인은 위험하다고 했다. 춤을 추면서 느끼는 기쁨이 금지된 다른 욕망의 문을 열지도 모른다며. 여인의 춤 속에는 억압하고 규제하려는 힘과 억압을 벗어나 기쁨을 누리고 기꺼이 죄를 저지르고자 하는 욕망이 격렬히 대립하고 있다(신성림의 《춤추는 여자는 위험하다》 참고). 그래서 여자는 춤을 욕망하고 남자는 춤추는 여자를 욕망하나 보다. 이 그림은 마치 숨겨둔 내 마음 속 욕망의 문을 여는 그림 같다.

청출어람의 탄생

우리나라에는 〈스페인 댄서〉라고 번역된, 존 싱어 사전트의 〈엘 할레오El Jaleo〉라는 작품. '할레오'란 스페인어로 성원이나 갈채를 뜻하며, 스페인 민속춤의 이름이기도 하다.

우선 이 그림은 크다. 348×232cm. 웬만한 거실 벽면 한 쪽을 다 채우는 크기이다. 사전트는 스페인 여행에서 본 이 장면을 기억했다가 파리로 돌아와 무려 3년 동안 정성을 들여 완성했고 파리 '살롱전Salon de Paris'에서 입상했다. 그의 나이 겨우 스물여섯.

사전트는 외과의사 아버지와 아마추어 화가 어머니 사이에서 태어났고 밑에 두 여동생이 있다. 어머니가 거부의 딸이었기에 사전트는 평생을 유복하게 살았다. 그는 이탈리아 피렌체에서 태어나 파리에서 활동하다가 런던에서 생을 마감한 미국인이다. 태생부터 코즈모폴리턴. 미술에 천부적인 소질을 타고난 그는 17세까지 이탈리아에 살면서 유럽 각국을 여행하며 문화적, 예술적 견문을 넓혔다. 홈스쿨링으로 영어는 기본에 이탈리아어, 프랑스어, 스페인어, 독일어에 능했으니 국제적인 화가가 되기에 완벽한 조건이었다.

1874년, 18세가 되던 해에 파리로 건너간 그는 본격적인 미술 작업에

착수한다. 유명한 공립 미술학교 에콜 데 보자르École des Beaux-Arts에 입학하고 당시 초상화가로 이름을 날리던 오귀스트 카롤로스 뒤랑Auguste Carolus-Duran의 제자로 들어가는데, 이 시기는 파리에서 제1회 인상파 전시가 열린 역사적인 해이다. 그는 이곳에서 모네Claude Monet와 친교를 맺었다. 몇 년 후 모네가 북프랑스 작은 마을 지베르니Giverny로 가서 인상파 화가들을 이끌 때 사전트도 그곳을 네 번에 걸쳐 방문하며 인상주의 화풍을 연구했다.

청출어람이라는 말은 그를 두고 한 말. 4년 후인 1878년 사전트는 풍경화 〈깡깔르의 굴채집자Oyster Gatherers of Cançale〉라는 작품으로 파리 '살롱전'에서 장려상을 받는다. 그리고 다음 해에는 스승인 뒤랑의 초상화를 그려 심사위원상을 받는다. 무려 3000대 1의 경쟁을 뚫고. 1889년, 사전트는 스승보다 한 해 앞서 프랑스 정부로부터 최고의 훈장인 레지옹도뇌르Legion d'Honneur를 수여받는다. 물론 다음 해에 뒤랑도 같은 훈장을 받는다.

스승의 초상화는 새로운 스타 탄생을 알렸다. 많은 초상화 주문이 밀려들었다. 그는 그 와중에도 스승의 조언에 따라 스페인을 여행하며 프라도 미술관에서 벨라스케스Diego Velázquez의 작품을 모사한다. 벨라스케스의 〈시녀들Las Meninas〉이라는 명작을 모사한 그림도 유명하지만 거기에서 모티브를 가져온 〈에드워드 달리 보이트의 딸The Daughters of Edward Darley Boit〉(1882)이라는 작품도 그 구도나 색채 면에서 기가 막히다. 프라도 미술관은 그런 이유로 두 그림을 나란히 전시하기도 한다. 그렇게 스페인을 여행하며 그가 기억 속에 저장한 장면이 바로 〈엘 할레오〉이다.

당대 최고 미인의 선택, 예상치 못한 좌절

자신의 존재를 한 단계 높이고 싶었던 사전트는 기념비적인 초상화를 그리려고 모델을 탐색하던 중 한 여인을 보게 된다. 첫눈에 반한 사전트는 여러 경로를 통해 그녀에게 다가가 모델이 되어줄 것을 소원했고, 결국 그녀를 설득했다.

그녀는 바로 당대 최고로 아름답다고 소문 난 고트로 부인Madame Pierre Gautreau이다. 어린 시절 파리로 건너온 미국 뉴올리언스New Orleans 출신의 그녀는 부유한 은행가 피에르 고트로와 결혼했다. 많은 화가들이 그녀를 모델로 그리고 싶어 했지만 허락하지 않았던 그녀는 사전트의 제안을 받아들였다. 자신의 능력치를 실험해보고 싶은 화가와 자신의 미모를 만방에 알리고 싶은 모델의 요구가 맞아떨어진 순간이었다.

초상화 주문을 받고 그린 작품이 아니라 화가의 요청으로 제작된 특이한 이 그림은 제작 과정 내내 애를 먹었다. 사교활동으로 너무나 바쁜 고트로 부인은 한가한 시간이 별로 없는 데다 모델을 해보지 않아 오랜 시간 자세를 유지하는 것이 서툴렀다. 이 작품에 사활을 걸었던 사전트 역시 다른 작품과 차별화되는 구도와 자세를 결정하느라 무려 30점이 넘는 다양한 포즈의 그림을 그렸다. 그렇게 2년에 걸쳐 우여곡절 끝에 탄생한 작품이 〈마담 XMadame X〉이다.

존 싱어 사전트, 〈마담 X〉(좌측은 수정되기 전 원본), 1883~1884, 캔버스에 유채 ⓒ 메트로폴리탄 미술관

그림이 전시되자 난리가 났다. 비평가들은 미국 출신 두 남녀가 파리에서 지나치게 유명해지는 것이 싫었는지 악평을 쏟아내기 시작했다. 그들은 이 작품에서 죽음과 퇴폐라는 코드를 찾아냈다. 피부가 지나치게 희어 살아있는 사람이 아니라는 거다. 그리고 깊이 파인 가슴과 흘러내린 한쪽 어깨끈이 퇴폐적이고 외설적이며, 왼쪽 팔이 비정상적으로 뒤틀려 있다고 비난했다. 이 그림의 원작은 좌측 그림처럼 왼쪽 어깨끈이 내려온 상태였다.

고트로 부인의 어머니까지 전시장에 찾아와 그림을 내려줄 것을 눈물로 간청하는 일이 벌어졌다. 순식간에 사교계의 여왕으로 군림했던 여인은 음탕한 여인으로 사람들의 조롱거리가 되었다.

논란이 거세지자 사전트는 전시가 끝나고 어깨끈을 수정할 것을 협상 테이블에 올려놓았다. 화가가 자신의 그림을 여론에 떠밀려 수정하는 것은 흔치 않은 일이다. 하지만 그의 나이 겨우 스물여덟. 그토록 거센 비난을 감당하기가 어려웠을 것이다. 그리고 약속대로 어깨끈을 수정했지만 논란은 수그러들지 않았다.

결국 고트로 집안은 이 그림을 매입하지 않았다(훗날 그들은 이 선택을 땅을 치며 후회했다). 이 그림은 뉴욕 메트로폴리탄 미술관Metropolitan Museum of Art이 매입하고 지금은 사전트의 대표작이자 그 미술관을 대표하는 그림이 되었다. 시대의 편견에 휩쓸리지 않는 안목이 중요한 이유이다. 당시에도 이 그림의 가치를 인정하고 놀라움을 표현한 비평가가 있었다. 목소리가 작았을 뿐.

결국 이 그림으로 인해 상처만 가득 안고 사전트는 파리를 떠나 런던으로 이주한다. 런던에서 사전트의 명성은 금세 회복했다. 그는 휴식 차 놀러간 예술인 마을 코츠월드Cotswolds의 아름다운 광경에 빠져 홀리듯 그 모습을 그리기 시작한다. 사랑의 상처를 사랑이 회복시키듯 그림으로 인한 상처는 그림이 회복시켜 주었다.

존 싱어 사전트, 〈카네이션, 백합, 백합, 장미〉, 1885〜1886, 캔버스에 유채 ⓒ 런던, 테이트 브리튼 미술관

침잠한 그를 구원한 풍경

그 장면을 그린 것이 〈카네이션, 백합, 백합, 장미Carnation, Lily, Lily, Rose〉라는 작품이다. 독특한 이 작품의 제목은 조셉 마징기Joseph Mazzinghi의 노래 〈화환The Wreath〉의 후렴구에서 따왔다. 그림에 등장한 소녀들은 사전트의 친구인 삽화가 프레드릭 버나드Frederick Barnard의

딸들이다. 좌측 인물은 열한 살의 돌리Dorothy/Dolly, 우측은 일곱 살의 폴리Polly이다. 여름, 해질 무렵 두 소녀는 백합과 장미, 카네이션이 만발한 정원에 서서 중국식 등에 불을 켜고 있다.

이 그림은 빛에 따라 시시각각 변하는 대상의 모습을 포착한 인상주의적인 성격을 띠고 있지만 누워있는 풀의 디테일은 사실적이다. 인상주의와 사실주의가 결합된 사전트만의 독특한 스타일을 '사전티즘 Sargentism'이라고 한다.

어린 시절 향수를 자극하는 이 그림은 사랑스러움 그 자체이다. 누군가 내게 세상에서 가장 '아름다운' 그림을 물어본다면 나는 1초의 망설임도 없이 이 그림이라고 말할 거다.

해가 지는 시간은 고작 30분을 넘지 않았기에 사전트는 두 해에 걸쳐 이 그림을 그렸다. 빛의 느낌을 극대화하고 싶은 욕심으로 매일 해질녘 그 시간을 기다렸고, 그 시간에만 볼 수 있는 빛을 담았다. 작은 것 하나도 정성을 놓지 않는 것. 명작은 재능만으로 탄생하지 않는다.

사전트는 다시 유명해졌다. 런던에서 활동했지만 파리에서 열리는 살롱전에 꾸준히 작품을 냈다. 점점 더 유명해지는 사전트를 잡기 위해 프랑스, 영국, 미국의 물밑작업이 치열해졌다. 프랑스는 최고의 훈장을 수여했고, 영국은 기사작위를 제의했고, 미국은 보스턴 공공도서관과 보스턴 미술관, 하버드 대학의 기념 도서관 등의 벽화를 의뢰했다. 사전트는 미국 국적을 끝내 포기하지 않았고 미국 대통령 시어도어 루스벨트 Theodore Roosevelt의 초상화도 그리게 된다.

900점의 유화, 2000점의 수채화, 수많은 드로잉과 스케치를 남긴 사전트는 평생을 독신으로 살다가 1925년 69세의 나이에 심장병으로 눈을 감았다.

 :: 영국, 테이트 브리튼 미술관

영국 런던 템스강 변에 있는 테이트 브리튼 미술관Tate Britain은 테이트 모던Tate Modern, 테이트 리버풀Liverpool, 테이트 세인트아이브스St. Ives, 테이트 온라인http://www.tate.org.uk/modern과 함께 영국 국립박물관의 일부에 해당한다. 모체는 1897년 헨리 테이트 경Sir Henry Tate에 의해 탄생한 '테이트 갤러리'이며 테이트 브리튼에서는 19세기 이후 작품만 전시한다. 존 싱어 사전트의 컬렉션을 비롯해, 빈센트 반 고흐, 돈 맥컬린, 프랭크 볼링 등의 작품을 소장하고 있다.

위치: Millbank, Westminster, London SW1P 4RG, England | https://www.tate.org.uk/

제23장
앙리 드 툴루즈 로트레크

Henri de Toulouse-Lautrec, 1864~1901

치마 걷어 올리는 그녀들을
예술로 남기다

Henri de Toulouse-Lautrec

술값 대신 그림으로

　빨간 스타킹을 신은 여인이 왼쪽 다리와 레이스가 달린 치맛단을 동시에 들어 올리며 캉캉 춤을 추고 있다. 질끈 묶은 머리에 수수한 드레스. 자세히 보면 어딘가 모르게 촌스러운 듯한 이 여인은 남들이야 보건 말건 신경 쓰지 않고 댄스 삼매경에 빠져있다.

　그 앞에서 스텝을 맞추고 있는 중절모 쓴 남자는 이 카바레의 댄스 스타 발렁탱이다. 어찌나 유연하고 춤 솜씨가 좋았던지 '뼈 없는 발렁탱 씨 Valentin désossé'라고 불리던 남자다. 그림 맨 앞쪽으로는 분홍색 드레스를 입은 여인이 보인다. 시선을 아래로 떨어뜨리고 있는 이 여인은 이곳이 어색하고 부끄러운 모양이다. 단정한 머리, 고급스러운 모자, 하얀 밍크 목도리까지 포인트가 완벽한 이 여인은 자태로 보아 귀족임이 틀림없다.

툴루즈 로트레크, 〈물랭 루주에서의 춤〉, 1889~1890, 캔버스에 유채 ⓒ 필라델피아 미술관

이 그림은 툴루즈 로트레크가 그린 〈물랭 루주에서의 춤At the Moulin Rouge: The Dance〉이다. 빨간 풍차라는 뜻의 물랭 루주는 에펠탑이 세워지던 해에 개장된 카바레이다. 가수 이브 몽땅Yves Montand과 에디트 피아프Edith Piaf가 처음 만난 곳 물랭 루주. 훗날 파리 사교계의 정점을 찍으며 돈과 권력이 모여들던 곳.

로트레크는 물랭 루주 지배인과 거래를 했다. 매일 이곳에서 그림을 그릴 테니 매일 술을 마시게 해달라고. 그는 정말로 매일 그곳에 앉아 날마다 본 것을 드로잉했고, 때로는 작업실로 돌아와 그 드로잉을 바탕으로 작품을 완성했다.

이 그림의 오른쪽 끝에 있는 네 명의 남자들은 그의 친구들이고, 망토를 걸친 여인은 물랭 루주의 메인 댄서인 잔 아브릴Jane Avril이다. 분홍색 드레스를 입은 여인에 대한 기록은 없다. 다만 로트레크는 "뼈가 없는 듯 유연한 발렝탱이 한 여자에게 춤 교습을 하고 있다"라는 메모만 남겼다.

푸른색과 붉은색 물감의 의미

이 그림을 반긴 사람은 다름 아닌 물랭 루주의 주인 요세프 올레르Josef ollaire였다. 그는 이곳을 서민들만을 위한 카바레가 아닌 귀족 남녀 모두 즐기는 명소로 만들고 싶은 야망이 있었다. 당시 그가 물랭 루주를 홍보하기 위해 만든 문구는 '사모님과 함께 즐기는 파리의 구경거리'였는데, 그 문구와 이 그림은 잘 맞아떨어졌다. 올레르는 이 그림을 사들여 입구에 걸었고 그의 바람대로 물랭 루주는 사교계의 성지가 된다.

툴루즈 로트레크의 아버지는 알퐁스 샤를 마리 드 툴루즈 로트레크 몽파 백작Alphonse Charles Comte de Toulouse-Lautrec-Monfa이고, 어머니는 아버지와 친사촌 간인 아델 조에 마리 마르게티 타피에 드 셀레랑Adèle Zoë Tapié de Celeyran이다. 유복한 귀족 부부의 장남으로 태어난 로트레크는 축복 속에서 태어나 작은 보석으로 불리며 유복한 어린 시절을 보낸다. 불행히도 그는 부모의 근친혼 때문에 '농축 이골증'에 걸렸다. 농축 이골증은 극히 드문 유전병으로, 다발성 기형과 함께 뼈가 잘 부스러지고 키가 자라지 않는 상염색체 열성 질환에 해당한다. 하지만 당시에는 아무도 이 아이가 그런 병에 걸렸으리라고 짐작하지 못했다.

1867년 남동생이 태어났지만 1년도 살지 못했다. 아버지는 엄마를 떠났고 부부는 이혼한다. 당시 로트레크는 4세였다. 부모의 이혼 후, 로트레크는 엄마와 살았지만 아버지와도 왕래하며 승마와 매 사냥 등을 즐겼다. 여전히 가족 소유의 저택과 성에 거주하며 귀족적인 환경에서 자란 로트레크는 이후 점점 병이 발현돼 14세에는 지팡이 없이 걷기 힘든 몸이 되었다.

그러던 어느 날, 거실에서 일어나려다 미끄러져 넘어진 로트레크는 왼쪽 다리가 부러지고 만다. 채 회복되기도 전인 다음 해, 또다시 낙상사고를 입는다. 이번에는 오른쪽 다리가 부러진다. 이후 그는 키가 152cm에서 더 이상 자라지 않았으며 격한 야외활동은 꿈도 꾸지 못하게 되었다.

아버지는 이런 그를 수치스럽게 생각해 만나려 하지 않았다. 어머니는 병 치료를 위해 그를 데리고 여기저기를 다녔다. 그 과정이 그와 어머니 사이의 유대감을 더욱 단단하게 키웠다. 그는 마지막 눈을 감는 순간까지 어머니에게 의지했고, 어머니는 그의 곁을 지켰다. 이런 그에게 그림은 인생의 돌파구였다.

산다는 것은 충분히 슬픕니다. 그래서 그것을 사랑스럽고 즐겁게 나타내야 하지요. 그것을 그리기 위해서 푸른색과 붉은색 물감이 있는 것입니다. - 툴루즈 로트레크

카바레 포스터가 예술이 되다

로트레크는 아버지의 친구이자 화가였던 르네 프랭스토René Princeteau를 거쳐 제3공화정의 공식 초상화가인 레옹 보나Léon Bonnat의 제자가 된다. 이후, 코르몽Fernand Cormon의 화실에 다니며 에밀 베르나르Emile Bernard와 반 고흐Vincent van Gogh도 만나게 된다. 그는 드가Edgar De Gas, 마네Edouard Manet를 존경했고 반 고흐와 일본 판화에 관심이 있었다.

이렇게 만난 고흐와의 일화가 있다. 1887년 고흐와 함께 전시회를 열었던 로트레크는 1890년 브뤼셀에서 열린 '20인전'에 초대받아 출품하게 되었다. 당시 그는 친구인 고흐를 추천했는데 앙리 드 그루Henri Jules Charles de Groux가 반대한다. 이에 격분한 로트레크는 그에게 결투를 신청했다. 결국 다른 이들의 중재로 결투는 이루어지지 않았지만 그가 고흐의 작품에 얼마나 애정을 품었는지 짐작할 수 있는 대목이다.

1885년 로트레크는 파리 몽마르트르Montmartre에 거처를 마련한다. 몽마르트르는 그에게 혼란과 매혹이라는 두 가지를 동시에 던져준 곳이다.

사람들의 동정을 받는다는 사실 때문에 몽마르트르 언덕에 있을 때 더욱 불쾌합니다. 작은 결실이라도 얻고자 한다면 그런 동정을 피해야겠지요. – 할머니에게 보낸 편지에서

1889년 마침내 물랭 루주가 몽마르트르에 문을 열었고, 그렇게 그의

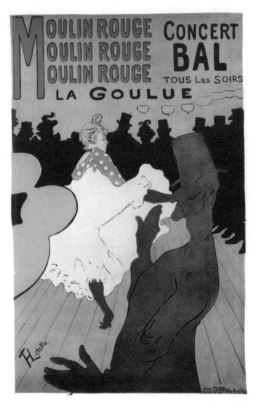

툴루즈 로트레크, 〈물랭 루주 라 굴뤼 포스터〉, 1891, 석판
인쇄(포스터) ⓒ 알비, 툴루즈 로트레크 미술관

전성기가 시작되었다. 그는 '물랭 루주의 화가'라 불리며 유명해진다. 그
리고 이때 그려진 명작이 바로 〈물랭 루주에서의 춤〉이다.

　이때까지 카바레 홍보를 위한 포스터라는 것은 색채만 현란하고 그
의미가 정확하게 전달되지 않는 조잡한 것이 전부였다. 로트레크는 물
랭 루주를 위한 포스터를 제작하게 되는데, 이 역사적인 포스터는 상업
포스터를 예술의 경지로 끌어올리는 밑바탕이 되었다.

포스터 맨 위에는 물랭 루주라는 글씨가 세 번 연속 나온다. 치마 속이 다 보이게 다리를 들고 있는 여인은 물랭 루주의 메인 댄서인 라 굴뤼, 어두운 실루엣의 남자는 그 뼈 없다는 발렁탱이다. 노란 덩어리는 가스등을 표현한 것이다. 종합하면 물랭 루주에서는 라 굴뤼와 발렁탱의 춤을 매일 볼 수 있고 가스등이 있으니 밤새워 놀 수 있다는 뜻이다.

그가 기록한 그녀들

당시만 해도 보통의 여자들은 발목조차 드러내지 않았다. 그런데 치마를 번쩍 들어 올리는 캉캉 춤을 춘다는 물랭 루주는 파리의 사람들에게 너무나도 유혹적이었다. 이 포스터로 로트레크는 유명해지고 물랭 루주도 대박이 났다.

이 포스터에 등장한 라 굴뤼La Goulue란 '먹보'라는 뜻이다. 손님들의 술을 하도 많이 마셔서 그런 별명이 붙었다. 이곳에서 댄서로 몇 년의 전성기를 보낸 그녀는 카지노에서 꽃을 팔았고 레슬링 선수로, 조련사로 일하다가 말년에는 사창가의 청소부로 전락해 외롭게 죽었다. 로트레크는 포스터 속 라 굴뤼와 〈물랭 루주에서의 춤〉에서 망토를 두르고 있는 잔 아브릴 같은 무명의 댄서들을 그림에 담음으로써 쉽게 잊힐 그녀들을 영원히 기억하게 했다.

로트레크를 사로잡은 또 하나의 주제는 성매매 업소이다. 여인의 누드와 여자 동성애를 다룬 석판화 작품들을 모아 〈그녀들Elles〉(1896)이라

툴루즈 로트레크, 〈물랭가의 살롱에서〉, 1894, 캔버스에 유채 ⓒ 알비, 툴루즈 로트레크 미술관

는 작품집을 냈는데, 이 주제를 대하는 방식 때문에 비평가와 대중들의 비난을 샀다. 그는 성매매라는 주제에 대한 환상을 깨 도덕적 판단을 하지 않고, 어떤 장식도 없이 현실을 있는 그대로 재현하고자 했다.

이 작품의 제목은 〈물랭가의 살롱에서Au Salon de la rue des Moulins〉이다. 물랭가의 살롱이란 성매매 업소의 대기실 같은 곳이다. 분홍색 드레스를 입은 주인 여자를 제외하곤 아무도 화가에게 관심을 두지 않는다. 뭔가를 기다리고 있는 그녀들의 얼굴에는 수심이 가득하다.

그 해답은 가장 오른쪽 끝에 잘린 여인의 자세에 있다. 그녀는 치마를 걷어 올리고 서 있다. 성병 검사를 받기 위해 기다리는 중이다. 백신이나 치료약이 없던 당시에는 매독 같은 성병이 확인되면 여지없이 거리로 쫓겨나 비참한 죽음을 맞이해야 했다. 그러니 그녀들의 표정이 어두울 수밖에. 그는 이러한 장면을 그림에 담았고 사람들은 그 그림을 불편해했다.

지독한 알코올 중독과 매독에 시달렸던 그는 35세의 나이에 심한 섬망 증상에 시달려 정신병원에 입원한다. 내 다리가 조금만 길었더라면 그림 따위는 그리지 않았을 거라던 로트레크. 그는 마지막 순간 어머니에게 "죽는 것도 굉장히 힘들군요"라는 말을 남기고 말로메 성Château Malromé에서 눈을 감는다. 그의 나이 37세였다.

그는 생전에 1300여 점의 유화, 수채화, 일러스트, 그리고 5000여 점의 드로잉을 남겼다. 그의 어머니는 그의 작품들을 모아 고향인 알비Albi시에 기증했다. 1922년, 그곳에 로트레크 미술관Musée Toulouse-Lautrec이 개관되었다.

:: 프랑스, 툴루즈 로트레크 미술관

툴루즈 로트레크 미술관Musée Toulouse-Lautrec은 프랑스 남서쪽 탄Tarn 지방의 알비Albi시 베르
비 궁Palais de la Berbie에 위치한다. 알비는 툴루즈 로트레크가 태어난 고향이기도 하다. 1922년
개관된 이 미술관에는 로트레크의 회화, 석판화, 드로잉 컬렉션들을 소장하고 있으며, 그 외에도
프란체스코 과르디, 조르주 드 라 투르 등 고미술art ancien과 앙리 마티스, 알베르 마르케 등 근대
미술art moderne 중 가장 유명한 회화 및 조각품들을 소장 및 전시하고 있다.

위치: Palais de la Berbie, Place Sainte-Cécile BP 100, 81003 Albi cedex, France |
http://musee-toulouse-lautrec.com/

제24장
카미유 클로델

Camille Claudel, 1864~1943

나이 들며
사랑과 열정이 사라지는 건
운명일까?

Camille Claudel

카미유 클로델, 〈중년〉, 1899, 청동, ⓒ 파리, 오르세 미술관

로댕도 숨기고 싶었던 사생활

나이 든 여인이 한 남자의 어깨를 감싸고 그를 어디론가 이끌고 있다. 이 중년의 남자는 체념한 듯 고개를 떨어뜨리고 그녀가 이끄는 대로 발을 떼고 있다. 하지만 미련 한 자락이 남았는지 뒤에 있는 여인에게 뻗은 손을 거두지 못하고 있다. 젊은 여인은 무릎을 꿇은 채 그에게 가지 말라고 애원하듯 두 손을 뻗어 떠나는 그를 붙잡으려 한다.

이 작품은 카미유 클로델의 〈중년L'Âge mûr〉이라는 조각품이다. 나이가 들어감에 따라 젊음, 사랑, 열정 같은 것이 사라지는 것은 운명임을 표현한 작품이지만, 여기에는 그보다 더 절절한 사연이 들어있다. 10년 넘게 청춘을 다 바쳐 사랑했던 로댕Auguste Rodin은 사실혼 관계에 있던 여인에게 돌아가 버리고, 카미유 클로델 홀로 버려졌다. 이 작품에는 그런 그녀의 마음이 표현되었다. 자존심 때문에 차마 이렇게 매달릴 순 없었지만 작품을 통해서나마 자신의 마음을 전하고 싶었으리라.

로댕은 그녀의 마음을 읽기는커녕 자신의 사생활이 담긴 이 작품이 공개되는 게 두려워 이 작품을 의뢰한 정부에 작품 의뢰를 취소하도록 압력을 넣는다. 그는 이미 거장이 되어 그럴 만한 힘을 가졌고, 그의 바람대로 주문은 취소되었다.

인연의 시작

카미유 클로델은 프랑스 북부지방에서 등기소 소장인 아버지와 전업주부 어머니 사이 1남 2녀 중 장녀로 태어났다. 카미유가 태어나기 전 첫 아들이 생후 2주 만에 죽자 슬픔에 빠진 엄마는 다음 아이가 아들이기를 바랐다. 하지만 딸이 태어나자 실망했고, 실망은 딸에 대한 미움으로 번졌다. 죽은 아들을 기리는 의미로 이름마저도 카미유라는 중성적인 이름으로 지었다. 태어날 때부터 자신의 잘못이 아닌 일로 축복받지 못한 존재였다.

어린 시절부터 항상 주머니에 작은 칼을 지니고 뭔가를 깎고 만들기를 좋아했던 소녀는 우연히 숲속에서 괴물 형상의 바위를 발견한다. '재앵(Geyn, 거인géant이라는 뜻)'이라는 이름의 그 바위는 금지된 곳의 출입문을 지키는 일종의 수호신으로 카미유의 작품에서 상징적으로 자주 나타난다. 신기하게 생긴 이 바위를 진흙으로 만들기 시작하면서 본격적으로 조소에 관한 본능이 깨어난다. 이어서 나폴레옹 흉상, 비스마르크, 다비드와 골리앗에 관한 작품들을 만들었다. 어머니는 온몸에 흙이나 묻힌 채 고집 세고 천방지축 돌아다니는 딸이 못마땅했지만 아버지는 그녀의 재능을 읽어내고 키워준다.

1879년, 아버지는 조각가 알프레드 부셰Alfred Boucher에게 그녀의 작품들을 보여주었다. 부셰는 그녀의 천재성을 단박에 알아보았다. 부셰는 그녀에게 조각의 기초를 알려주는 한편, (당시만 해도 공립학교는 여자에게 미술 교육이 금지되어있었다) 사립학교인 아카데미 콜라로시Académie Colarossi에 입학해서 본격적으로 조각 수업을 받을 수 있게 도와준다.

거기서 부셰는 카미유 클로델의 작품들을 교장에게 보여주었는데, 교장은 로댕과의 유사성을 언급하며 그에게 사사받은 적이 있는지 물었다. '카미유 클로델'이라는 이름조차 들어보지 못한 상태였지만, 이를 계기로 그녀가 어떤 사람인지 호기심을 갖게 된다.

카미유와 로댕, 그리고 로즈 뵈레

카미유는 친구들과 노트르담 데 샹 거리Rue Notre-Dame-des-Champs에 작업실을 구해 작품을 만들었고, 부셰는 간간히 그곳에 들러 그녀를 지도했다. 1882년, 그녀는 하녀인 엘렌을 모델로 조각을 만들어 '살롱전'에 첫 출품한다. 이듬해 공모전에 당선돼 로마로 떠나게 된 부셰는 자신의 제자들을 친구인 로댕에게 맡긴다. 이렇게 19세 카미유와 43세 로댕의 만남이 시작된다.

로댕은 카미유의 재능을 알아보았고, 그녀의 아름다움에 매료되었다. 하지만 그에겐 이미 20년 전 그가 무명일 때부터 그를 지원해주고 돌봐준 연상의 여인 로즈 뵈레Rose Beuret가 있었다. 정식으로 결혼하지는 않았지만 둘은 사실혼 관계에 있었고, 둘 사이에는 카미유보다 두 살 어린 아들이 있었다. 마음대로 되지 않는 게 사람 마음. 결국 로댕은 카미유에게 고백한다.

그대는 나에게 활활 타오르는 기쁨을 준다오. 내 인생이 구렁텅이로 빠질지라도 나는 아무것도 후회하지 않겠소. 슬픈 종말조차 내게는 후회스럽지 않아요. 당신의 그 손을 내 얼굴에 놓아주오. 내 삶이 행복할 수 있게, 내 가슴이 신성한 사랑을 느낄 수 있게. 내가 당신과 함께 있을 때 나는 몽롱하게 취한 상태에 있다오. - 로댕의 편지

하늘과 같은 최정상급 조각가가 이런 편지를 보냈으니, 가슴 떨리지 않을 수가. 문제는 술은 깨기 마련이고, 사랑은 식기 마련이라는 것. 다른 사람들은 훤히 보이는 빤한 결말이 사랑에 빠진 남녀에게는 보이지 않는다. 아니 굳이 보려 하지 않는다. 로댕은 카미유를 통해 다시금 예술혼을 불태웠고, 그녀는 그의 모델이 되고, 조수가 되고, 연인이 되었다.

뜨거운 사랑, '사쿤탈라'와 '영원한 우상'

여인은 지친 듯 힘없이 남자에게 기대고 있고, 남자는 이제 아무 걱정 말라는 듯 여인을 껴안고 있다. 카미유의 심리적 의존 상태와 로댕의 뜨거운 사랑을 암시한 작품 〈사쿤탈라Sakuntala〉(고대 인도의 칼리다사의 희곡과 동명의 작품)이다. 카미유가 만든 이 작품은 1888년 살롱전에 출품돼 대상을 차지한다.

카미유 클로델, 〈사쿤탈라〉, 1888, 대리석 ⓒ 파리, 로댕 미술관

로댕도 두 사람이 서로에게 어떤 존재인지 잘 보여주는 작품을 만든다. 바로 〈영원한 우상L'Éternelle Idole〉이다. 남자는 여인의 가슴 아래 두 팔을 뒤로 한 채 여인을 숭배하듯 기대어 있다. 여인도 팔을 뒤로 한 채 그를 내려다보고 있다.

로댕, 〈영원한 우상〉, 1889, 석고 ⓒ 로댕 미술관

두 작품의 분위기가 서로 닮았다. 카미유가 만든 작품이 로댕의 작품보다 1년 앞선 것이다 보니, 로댕이 카미유의 작품을 표절했다는 논란이 일기도 했다. 둘의 작품들은 분위기가 비슷했는데, 그 이유로 자주 표절 시비에 휩싸였다.

둘은 10년 동안 많은 시간을 함께했고, 아이디어를 숱하게 공유했으며, 작품에 대한 상대방의 의견을 서로 존중했다. 서로 영향을 주고받지 않는 것이 더 이상할 일일 터. 〈지옥의 문La Porte de l'Enfer〉 〈칼레의 시민들Les Bourgeois de Calais〉 〈입맞춤Le Baiser〉 등 로댕의 걸작들이 이 시기에 탄생했고, 〈사쿤탈라〉 〈지강티Femme accroupie〉 같은 걸작들이 카미유의 손에서 나왔다. 특히 〈지옥의 문〉에 등장하는 손이나 발은 카미유가 전

담하다시피 만들었는데, 실력과 감성이 서로 비슷하지 않고서야 불가능한 일이다.

1886년, 언제 다시 로즈에게 돌아가 버릴지 불안해하며 예민해진 카미유에게 로댕은 각서까지 썼다. 로즈와 헤어지고 그녀에게만 충실한 남자가 되기로. 하지만 약속은 지켜지지 않았다. 로댕은 자신에게 헌신해온 로즈를 차마 버릴 수 없었다. 그런 채로 로댕은 둘만의 아지트를 마련하고 사람들의 눈을 피해 사랑을 하고 창작을 했다. 카미유도 열정적으로 창작 활동을 했지만 마지막 작품의 서명란에는 로댕의 이름만 들어갔다. 이 시기 그녀의 작품수가 적은 이유이다.

막장드라마의 단골 소재처럼 로즈가 카미유를 찾아와 난리를 피웠다. 이 장면을 목격한 로댕은 카미유를 내버려둔 채 로즈를 따라나선다. 게다가 카미유는 로댕의 아이를 임신하고 원치 않게 아이를 유산하지만 로댕은 그녀를 돌보지 않는다. 혼자서 임신과 유산을 오롯이 겪어야 했던 카미유는 그와 이별을 결심한다. 이렇게 탄생한 작품이 〈중년〉이다.

카미유의 걸작 중 하나로 일컬어지는 〈왈츠La Valse〉는 로댕과 이별하고 모든 에너지를 쏟아 부은 작품이다. 이 시기에 음악가 클로드 드뷔시Claude-Achille Debussy를 잠깐 만났는데 카미유의 거절로 연인 관계로 발전되지는 않았다. 이 작품은 여러 가지 재료로 복제되었는데 카미유에게서 이 작품을 받은 드뷔시는 평생 간직했다.

카미유 클로델, 〈왈츠〉, 1895, 청동 ⓒ 파리, 로댕 미술관

불행은 카미유만의 몫

 좋은 작품들이 많이 만들어졌다. 카미유는 작품 속에 자신의 이야기를 솔직히 녹여냈다. 해마다 전람회에 출품도 했지만 평론가들은 그녀를 로댕의 아류로만 폄하했다. 로댕의 명성은 쌓여가고 카미유의 존재는 잊혀갔다. 급기야 카미유의 출품작이 도난당하는 일이 발생하고 그

녀는 로댕이 꾸민 짓이라고 단정 짓는다. 청춘도 사랑도 다 가져갔으니 작품도 가져갔으리라, 강박이 생겼다.

로댕이 성공할수록 카미유의 좌절은 깊어가고 술 없이 잠들기 어려운 밤들이 지나갔다. 몸도 마음도 망가져가며 점점 더 그녀는 자신을 사회로부터 고립시키고 은둔한다. 안타깝게도 그 시기에 카미유는 자신의 많은 작품을 부셔버려 대다수가 소실되었다.

1913년, 그나마 카미유를 지켜주던 아버지가 사망하자 가족들은 그녀를 정신병원에 넣는다. 49세의 나이에 정신병원에 보내진 그녀는 이후 사망할 때까지 30년을 단 한 번도 세상 밖으로 나와 보지 못한 채 눈을 감았다.

카미유의 어머니는 평생 딸을 미워해서 단 한 번도 병원에 찾아오지 않았다고 한다. 미워하는 마음속에는 평탄한 인생을 살지 못한 딸에 대한 안타까움과 실망, 그리고 그것을 직시하기 힘든 마음들이 뭉뚱그려져 있지 않았을까? 그래서 그런 마음의 바탕에 사랑이 있었음을 간과한 사람들이 함부로 말들을 내뱉은 것은 아닐는지.

1917년, 로댕과 로즈 뵈레는 결혼한다. 결혼 2주 후 로즈는 사망했고 로댕 또한 몇 달 후 눈을 감는다. 26년 후인 1943년, 카미유도 눈을 감았다. 그녀의 장례식에는 아무도 오지 않았고 카미유는 무연고 시신들과 함께 몽파메 묘지에 단체 매장되었다. 시인이자 외교관이었던 동생 폴은 카미유에 대해 이렇게 말했다.

"하늘이 그녀에게 준 재능은 모두 그녀의 불행을 위해 쓰여졌다."

 :: 프랑스, 카미유클로델 미술관

카미유클로델미술관Musée Camille Claudel은 카미유 클로델의 조각품을 기리기 위한 국립미술관으로, 노장-쉬르-센느Nogent-sur-Seine에 위치해 있다. 1902년 개관 당시에는 알프레드 부셰와 폴 뒤부아 두 조각가의 작품을 기리기 위한 것이 었고, 카미유클로델 미술관은 2017년 개관되었다. 카미유 클로델 작품의 절반 가량이 여기에 전시되어있고 일부는 로댕 미술관에 전시되어있다. 파리 동부역 Gare de l'Est에서 기차로 1시간가량, 페로비에르역gare ferroviaire에서 걸어서 10 분가량 거리이다.

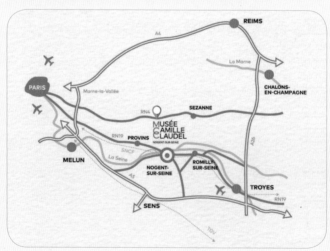

위치: 10 Rue Gustave Flaubert, 10400 Nogent-sur-Seine, France | http:// www.museecamilleclaudel.fr/

떠나버린 그녀를 인형으로, 이 남자의 광기와 지독한 부대낌

Oskar Kokoschka

숨기고 싶은 우울, 좌절을 드러내다

작가 내면의 소리를 표현한 그림을 '표현주의'라고 부른다. 표현주의는 '영혼'의 소리에 귀를 기울이고 인간의 어두운 감정 표출에 주목했다. 표현주의자들의 그림이 광기 서려 보이는 이유이다. 에드바르트 뭉크Edvard Munch, 키르히너Ernst Ludwig Kirchner, 에곤 실레Egon Schiele 등이 표현주의 작가들이다.

오스카 코코슈카 역시 표현주의 대가이다. 현대인들의 예민함과 영혼의 어두움을 표현하기 위해 특히 초상화를 많이 그렸는데 의뢰인들은 그의 초상화를 탐탁지 않아 했다. 르누아르Auguste Renoir처럼 뽀얗게 그려주어도 모자랄 판에 숨기고 싶은 내면의 우울, 불안, 좌절과 같은 것들을 찾아내 부각시켰으니 그럴 수밖에.

오스카 코코슈카, 〈바람의 신부〉, 1913, 캔버스에 유채 ⓒ 스위스, 바젤미술관

그의 그림은 독특하게도 2인 초상화가 많은데 두 사람의 내면뿐 아니라 관계도 그림에 넣었다. 왜곡된 형상, 불규칙하고 굴곡진 선 처리, 차가운 색채, 거친 붓 터치. 그의 표현방식이다.

위 그림은 코코슈카의 〈바람의 신부Die Windsbraut〉라는 작품이다. 소용돌이치는 바람 속에 두 남녀가 껴안고 있다. 조개껍질 같은 요람은 폭풍우에 요동치고 남자는 결연한 표정으로 보랏빛 밤을 뜬눈으로 지새우고 있다. 이 와중에 잠든 여인의 얼굴만이 평화롭다.

이 그림의 주인공은 코코슈카 자신과 그의 치명적인 사랑 알마 말러Alma Mahler이다. 인물의 심리 상태를 표현함으로써 미래까지 예언한다고

해서 붙여진 그의 별명 '화필의 점사'답게 이 그림 또한 둘의 미래를 예언하는 것 같다. 이별 불안에 영혼을 잠식당한 남자와, 설사 이별이 코앞에 있다 하더라도 카르페디엠(carpe diem, 이 순간에 충실하라)을 본능적으로 알고 그렇게 살았던 여자. 그래서 그는 불안하고 그녀는 평화롭다.

감당할 수 없는 존재를 사랑해본 사람이면 이 남자의 불안을 이해할 수 있을 것이다. 그럼에도 불구하고 도저히 마음을 접을 수 없기에 행복한 불행의 터널을 지날 수밖에 없는 남자. 그는 그래서 그녀와 함께 있는 시간에도 맘 편히 눈을 감을 수 없다.

밤새 눈을 부릅뜨고 있어도 새벽이 오는 것처럼 두 손 꽉 잡고 있어도 이별은 온다. 화가인 동시에 시인이기도 했던 그는 불안과 소유에 대한 감정을 날것으로 그려내며 이렇게 썼다.

지상에서 맺어질 수 없는 사랑이라면 비바람 치는 밤하늘을 떠돌더라도 우리는 영원히 함께 있어야 한다.

감당할 수 없는 존재를 사랑해본 사람이라면

알마 말러는 수많은 예술가들에게 영감을 준 존재로 나의 워너비이다. 구스타프 클림트Gustav Klimt의 〈키스The Kiss〉의 모델로도 알려진 그녀는 쳄린스키Alexander von Zemlinsky로부터 작곡을 공부한 피아니스트 겸 작곡가이다. 작곡가이자 지휘자인 구스타프 말러Gustav Mahler와 결혼한 그녀는 그가 사망하자 코코슈카를 만났다. 하지만 바우하우스의 창시자 그로피우스Walter Gropius와 재혼하고, 이혼 후 작가인 베르펠Franz Werfel과 다시 재혼. 다 나열하자면 열 손가락이 모자라다. 모두 그녀를 사랑했고 그녀를 모델로 그림, 음악, 문학을 창작했다.

그녀에게 바쳐진 수많은 작품들 중에 내가 가장 샘나고 부러운 작품은 코코슈카의 〈바람의 신부〉와 구스타프 말러의 교향곡 5번 4악장 '아다지에토Adagietto'이다. 말러가 그녀의 마음을 얻기 위해 보내는 일종의 '사랑의 연서'인 이 곡은 단순히 귀로 전달되는 곡이 아니다. 듣고 있자면 온몸 구석구석을 열고 들어와 세포 하나하나에 파고든다. 가랑비에 젖듯 섬세한 음률이 몸을 휘감고 마침내 그의 마음이 내게도 와 닿는다. 내게 배달된 편지가 아님에도 되돌려 주고 싶지 않은 음악편지.

다시 그림으로 돌아가자. 이 그림을 그릴 당시 코코슈카가 보낸 사랑의 편지에는 이처럼 써 있다.

거의 다 완성되어 가오. 번개, 달, 산, 솟구치는 물, 바다를 비춰주는 벵골의 그 불빛, 그 폭풍에 날리는 휘장 끝자리에 서로 손을 잡고 누워 있는 우리의 표정은 힘차고 차분하오. 분위기가 적절히 표현된 얼굴 모습이 내 머리에 구체적으로 떠오르며, 우리의 굳센 맹세의 의미를 다시 절감했소! 자연의 혼돈 속에서 한 인간에 대한 절대적인 신뢰감, 그리고 그 신뢰감을 신념으로 수용해서 서로를 안전하게 보호한다는 감이 잡혔으니, 이제는 몇 군데에 생명감을 불어넣는 시적인 작업만 남았을 뿐이오.

– 알마에게 보낸 편지에서

강한 부정은 오히려 긍정이 되듯 지나치게 확신에 찬 문구 또한 그 불안을 대변해 보인다. 일곱 살 연상의 그녀는 손에 들고 있어도 쥘 수 없는 존재. '굳은 맹세의 의미'를 그녀에게 각인시키고 싶었으리라. 그 불안이 화면에 가득하다. 예감대로 그녀는 떠났고 그는 실연의 아픔에 전쟁에 지원한다. 사람이 죽을 고비를 넘기고 나면 변한다고 하는데 머리에 심각한 총상을 입고 돌아온 그는 여전히 마음의 심각한 부상으로부터 자유롭지 못했다.

　　아무리 해도 안 되는 건 안 되나 보다. 도저히 떨쳐지지 않는 그녀를 잊는 대신 실물 크기의 인형을 제작한다. 누가 봐도 알마를 닮은 인형에 '훌다'라는 이름을 붙이고 속옷과 명품드레스를 입혔다. 훌다와 함께 산책을 하고 잠을 자고 오페라를 보며 그 인형을 모델로 그림도 그렸다.

오스카 코코슈카, 〈인형과 함께 있는 남자 자화상〉, 1921, 캔버스에 유채 ⓒ 독일, 베를린 구 국립미술관

'집착남'이라는 말에 반대한다

사람들은 그의 기이한 행동에 수군거렸다. 그때도 그렇고 지금도 그렇다. 어떤 이는 집착남이라는 간단한 단어를 붙여버린다. 그러나 나는 반대한다. 알마를 파괴하거나 괴롭게 하는 대신 자신의 숨쉴 구멍을 찾은 거라 생각한다. 그것도 아주 그다운 방식으로.

그의 기행이 광기 어리지만 살려는 몸부림으로 읽힌다면 내가 너무 그를 이해하는 걸까? '이별의 눈물 보이고 돌아서면 잊어버리는 남자'보다 나는 이 남자의 지독한 부대낌이 눈물겹게 좋다. 한 번도 이토록 뜨거운 적 없었던, 연탄재만도 못한 삶이라 그런가? 저울질에 강한 나는 손해 보는 사랑 앞에 여차하면 돌아선다. 그래서 끌리나 보다. 그는 뜨겁고 나는 차다.

사랑의 완성이 결혼이 아니듯 사랑의 실패가 이별은 아니다. 사랑의 실패는 말 그대로 상대를 온전히 사랑하지 못한 것. 코코슈카는 전 생애에 걸쳐 그녀를 사랑했으니 그는 사랑에 성공한 셈이다.

20년이 지난 후 알마는 코코슈카에게 사과의 편지를 보냈고 그녀의 70세 생일에 그가 답장을 보낸다. 나는 이 편지를 읽고 '야생동물'이라는 단어를 사랑하게 되었다. 누군가의 심장 속을 뛰어다니는 낭만적인 단어 '야생동물.'

사랑하는 나의 알마, 당신은 아직도 길들이지 않은 나의 야생동물이오. 당신의 생일을 준비하는 친구들에게 덧없는 달력의 시간에 나를 묶어놓지

말라 하오. (…) 우리가 서로에게 불어넣은 그 뜨거운 열정과 비교되는 사
랑은 없었으니까……

ps. 코코슈카의 가슴은 당신을 용서하기에.

코코슈카의 '추신'에 방점을 찍는 사람들이 있다. 자신을 그토록 휘저
어 놓고 떠난 여자를 용서한 대인배로. 마음이 변하는 건 대체로 한쪽의
일방적인 행로가 아닐진대 용서받아야 할 일인지 모르겠다. 그래서 나는
이렇게 읽는다. "코코슈카의 가슴은 당신을 사랑하기에."

:: 독일, 베를린 구 국립미술관

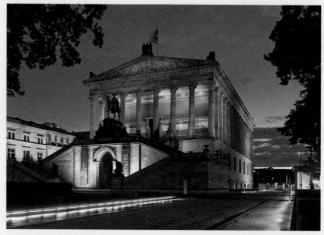

베를린 구old 국립미술관Alte Nationalgalerie은 베를린 박물관 섬Museum Island에 있으며 옆에 신new 박물관이 공사중이어서 '구'라는 이름이 붙었다. 신고전주의, 낭만주의, 비더 마이어, 인상주의, 근대미술 등 다양한 미술품을 전시하고 있으며 주요 작품으로는 독일 낭만주의 카스파르 다비드 프리드리히, 고갱, 세잔, 막스 리버만 등 인상주의 작품이 상시 전시되고 있다.

위치: Bodestrasse 1-3 (Museum Island) Berlin D-10178, Germany | https://www.museumsportal-berlin.de

제26장
타마라 드 렘피카

Tamara de Lempicka, 1898~1980

긴 머리 잘랐을 뿐인데…
"반항적이다"

Tamara de Lempicka

전형적인 여성성을 벗어던지다

나는 새로운 스타일을 창조하고, 모델 내면의 우아함을 표현한다.

이탈리아 최고급 스포츠카인 녹색 부가티를 타고 도도한 표정으로 관람자를 바라본다. 몽환적인 눈빛에 빨간 립스틱. 에르메스 스타일의 세련된 모자와 우아한 실크스카프는 녹색의 차와 대비돼 한층 고급미를 발산하고, 팔까지 내려오는 스타일 넘치는 황금빛 장갑은 도회적인 이미지를 더해준다.

파티에 참석하는 여배우처럼 머리끝에서 손끝까지 완벽한 치장이다. 노출이라고는 찾아볼 수 없지만 도발적이고 강렬하고 뇌쇄적인 다음 쪽 그림은 아르데코의 여왕 타마라 드 렘피카의 〈자화상, 녹색 부가티

타마라 드 렘피카, 〈자화상, 녹색 부가티를 탄 타마라〉, 1929, 판넬에 유채 ⓒ 개인
소장

를 탄 타마라Autoportrait, Tamara in a Green Bugatti〉이다. 아르데코Art Déco
는 장식미술을 뜻한다.

　이 그림은 독일 여성잡지 〈디 다메Die Dame〉의 표지 그림을 주문받아
그린 것이다. 부와 명예와 사랑에 대한 욕망에 솔직한 타마라는 이 작품

에서 자신의 모습을 '운전대를 잡은 여인'으로 묘사했다. 남편이나 다른 남자의 도움 없이도 자신이 원하는 곳 어디든 갈 수 있는 주체적인 여성의 자신감 넘치는 모습을 보여준다. 이 작품은 제1차 세계대전 이후 달라진 여성의 모습과 여성해방의 상징을 표현했다.

제1차 세계대전은 여성들을 밖으로 이끌었다. 전쟁 전후 노동력의 부족으로 인해 여자들은 군수산업, 의료산업, 석탄산업 등에 종사하게 되었고 이후 다양한 산업에 뛰어든다. 점차로 기술이 필요 없는 단순노동을 넘어서 기계조작과 같은 남성 전유물이던 직업에 여자들이 진입하게 되면서 여자에게도 사회적 능력과 지위가 생겨났다.

타마라의 자화상은 신여성의 스타일을 과시하는 것을 넘어, 향상된 여성의 능력과 지위를 말하고 있다. 여성과 자동차라는 조합은 그 자체만으로 여성 자치권의 암시와 사회적, 기술적 영역의 여성 지배권을 보여준다. 타마라는 사회적으로 성공한 여자의 이미지를 부가티를 탄 모습으로 상징화했다. 원래 타마라가 타고 다녔던 자동차는 노란색과 검은색의 작은 르노였다.

그것을 운전할 때마다 나는 똑같이 노란색의 풀오버를 입었고 항상 검은 스커트에 모자를 썼다. 나는 차처럼 입었고 차는 나 같았다.

그녀는 차와 자신을 동일시했다. 그래서 이 작품의 영어 이름도 언어유희를 섞은 "Auto-portrait(자동차 초상화)"이다.

그녀의 그림은 독특하고 독창적이라 아무리 다른 작가의 그림들과 섞어놓아도 단박에 찾아낼 수 있다.

수백 개의 그림들 중에 누구라도 내 그림은 금방 알아볼 것이다. 나는 남의 것을 베끼지 않고 새로운 스타일을 창조한다. 색을 가볍고도 밝게 쓰며 모델 내면의 우아함을 표현한다.

마리아 고르스카에서 타마라 드 렘피카로

타마라 드 렘피카는 1898년 5월 16일 폴란드 바르샤바에서 태어났다. 그녀의 본명은 타마라 로잘리아 거르윅-고르스카Tamara Rozalia Gurwik-Górska. 프랑스 무역회사의 변호사 아버지와 귀족 출신 어머니 밑에서 1남 2녀 중 차녀로 태어난 타마라는 부유한 유년기를 보낸다. 그 덕에 어린 시절부터 유럽여행을 다녔고 스위스 로젠 기숙학교에서 교육을 받았다.

1911년에는 학교를 그만두고 자신을 끔찍이 사랑했던 할머니와 이탈리아 여행을 하며 르네상스 거장들의 작품들을 접했다. 다음 해 부모의 이혼으로 그녀는 이모가 사는 상트페테르부르크Санкт-Петербург로 이주했다.

열여덟 살의 타마라는 잘생기고 성공한 변호사 테데우즈 렘피키Tadeusz Łempicki와 결혼한다. 다음 해 딸 키제트Kizette가 태어났고 불행히도 이 시기에 남편이 볼셰비키 혁명에 연루돼 총살 위기에 처한다. 우여곡절 끝에 그녀와 가족들은 파리로 망명한다.

낯선 곳에서 새롭게 정착하는 것은 예상보다 어려웠다. 상트페테르부르크에서 잘나갔던 남편 테데우즈는 이방인의 위치를 받아들이지 못했다. 타마라의 친척이 주선해준 은행 일도 마다한 채 2년 넘게 실직 상태였다. 타마라는 가지고 있던 귀금속을 팔아 생계를 유지했다. 어린 딸을 키워야 하는 타마라는 자신의 미술적 재능을 살려 그림을 본격적으로 배우기 시작한다. 그리고 이름을 '타마라 드 렘피카'로 바꾼다.

그랑드 쇼미에르 미술 아카데미Académie de la Grande Chaumière에 입학해 이탈리아 거장들의 그림을 모사하며 기본을 다졌다. 그리고 화가 폴 랑송Paul Ranson의 아카데미에서 상징주의 화가 모리스 드니Maurice Denis에게 사사하면서 당시 고갱Paul Gauguin을 위시해 한창 유행하던 상징주의와 색면주의 그림을 배웠다.

그리고 그녀의 두 번째 스승인 앙드레 로트André Lhote는 타마라가 자신만의 화풍을 찾는 데 결정적인 도움을 준다. 이 시기는 피카소의 큐비즘이 호평을 받던 시기였다. 타마라는 평소 자신이 좋아했던 르네상스 고전주의 미술에 큐비즘 양식을 섞어 초상화를 그렸는데, 반응이 뜨거웠다.

살롱 도톤느Salon d'Automne와 살롱 데 앙데팡당Salon des Independants 등에서 전시회를 개최하게 되었고, 1925년 밀라노에서 첫 개인전을 열었다. 이때 이탈리아에 머물면서 가브리엘 단눈치오Gabriele d'Annunzio를 만난다. 그는 레닌이 유일한 이탈리아 혁명가로 칭하고 무솔리니가 보호하던 영향력 있는 인사였다. 단눈치오는 초상화 의뢰를 명목으로 그녀를 그의 유명한 빌라에 초대했고 둘은 사랑에 빠졌다. 그의 가정부가 그 사

타마라 드 렘피카, 〈발코니에 있는 키제트〉, 1927,
캔버스에 유채 ⓒ 조르주 퐁피두센터

실을 폭로하는 바람에 그 사실이 세간에 알려진다.

1927년 보르도 국제미술전 Exposition Internationale des Beaux Arts in Bordeaux에서 딸 키제트를 그린 그림 〈발코니에 있는 키제트Kizette au balcon〉로 1등을 차지한다. 그림을 시작한 지 얼마 되지 않아 사교계의 주목을 받으며 스타 화가가 된 그녀는 권위 있는 미술전에서 상까지 받으며 엄청난 속도의 성공 가도를 달리게 된다.

이 그림은 열한 살의 키제트를 모델로 그렸다. 정보가 없다면 나이를 가늠하기 힘든 오묘한 분위기이다. 중성적인 느낌이 나는 반항적인 눈빛을 가진 키제트. 반 양말을 신은 통통한 다리와 구두, 어린아이의 포즈로 보이는 기울어진 오른쪽 발 모양이 그녀의 나이를 대변한다.

그녀의 예술은 반항적인defiant 몸짓 그 자체이다.

피츠버그Pittsburgh 〈선-텔레그래프Sun-Telegraph〉 신문이 이 그림에 대해 내놓은 평이다. 앉아있는 소녀의 그림이 뭐가 그렇게 반항적일까.

이 여인은 자유롭다

이 그림은 1920년대에 그려진 작품이다. 여태까지 그려진 소녀의 이미지를 떠올려보면, 리본을 허리에 매고, 긴 곱슬머리에 화려한 모자, 순진무구한 표정을 짓고 있는 모습이 마치 잘 관리된 인형 같다.

하지만 이 그림 속 키제트는 짧은 커트머리에 헐렁한 짧은 원피스를 입고 차가운 눈빛을 하고 있다. 사랑스럽게 보이려는 천진난만한 미소는 없다. 지금까지 소녀라고 그려졌던 전형적인 여성성을 모두 벗어버렸다. 거기에 배경으로 그려진 고층 빌딩이 가득한 도시의 풍경은 이미 세상이 달라지고 있다는 걸 보여준다.

20세기 초까지도 회화에서 여성의 모습은 전형적인 모습을 가지고 있었다. 약하고 관능적이거나 청순함, 온순함. 하지만 점점 이런 전통적인 여성의 모습에서 탈피한 새로운 여성상이 제시되었고 타마라는 그 변화의 중심에 있었다.

자신의 욕망에 충실했던 빼어난 미모의 타마라는 사랑에도 거침이 없었다. 양성애자임을 커밍아웃한 그녀는 많은 남자들과 염문을 뿌렸고 아름다운 여인들과도 사랑을 나누었다. 길에서 우연히 만난 '라파엘라'라는 여인에게 반해 모델이 돼줄 것을 요청한 뒤 그녀를 모델로 다수의 누드화를 그렸다.

타마라 드 렘피카, 〈아름다운 라파엘라〉, 1927, 캔버스에 유채 ⓒ 개인소장

특히 〈아름다운 라파엘라La Belle Rafaëlla〉가 독보적이다. 카라바조
Michelangelo da Caravaggio풍의 빛의 대비가 선명한 관능적인 이 그림은 남
자의 시선에 대상화된 여인의 누드가 아니라 사랑하는 사람을 바라보
는 타마라의 시선으로 읽히며 차별성을 갖는다. 기본 표현은 최소화하
고 색감의 강한 대비와 극적인 빛의 사용으로 모든 에너지가 라파엘라
의 몸에 집중돼 있다.

1928년 타마라는 남편과 이혼한다. 1933년 자신의 후원자였던 라울
쿠프너 남작Baron Raoul Kuffner과 재혼하고 함께 미국으로 건너간다. 이
미 뉴욕의 화랑들에서 전시를 했고 예술과 패션 잡지에 소개되면서 타
마라는 미국 정착에도 금세 성공한다. '붓을 든 남작부인'이라고 불리

며 배우 못지않은 미모로 〈어느 아름다운 근대식 아틀리에Un bel atelier moderne〉(1932)라는 단편영화의 디바 여주인공으로 출연하기도 했다.

세월은 흘러 추상미술의 시대가 오면서 그녀의 그림은 시대성을 잃었다. 추상화로 전향을 시도했지만 예전만큼 힘을 받지 못한다. 1972년 룩셈부르크Luxembourg 화랑에서 타마라의 회고전이 대성공을 거두며 그녀는 재평가된다. 유명 배우 잭 니컬슨, 팝 가수 마돈나, 패션 디자이너 도나 캐런 등 유명 인사들이 그녀의 그림에 열광하며 수집한다.

샤넬의 크리에이티브 디렉터 칼 라거펠트와 루이비통의 마크 제이콥스 등 세계적인 패션디자이너들에게도 많은 영감을 주었다. 화려한 기질과 시대적 흐름인 아르데코가 만나 한 시절 강한 불꽃을 피웠던 아르데코의 여왕 타마라 드 렘피카는 1980년 92세의 나이에 멕시코에서 눈을 감는다.

유명 자동차 잡지인 〈오토저널L'Auto-Journal〉은 타마라 자화상을 보며 이렇게 썼다. "이 여인은 자유롭다!This woman is free!"

:: 프랑스, 조르주 퐁피두센터

파리 4구에 위치한 조르주 퐁피두센터Centre Georges-Pompidou는 도서관Bibliothèque publique d'information, 국립현대미술관Musée National d'Art Moderne, 각종 전시실, 회의장, 음향연구소, 영화관, 극장, 홀, 서점, 카페 등이 있는 복합건물이다. 대통령을 역임(1969~1974)했던 조르주 퐁피두의 이름을 딴 것이며, 보부르Beaubourg 지역에 있어서 '보부르'라 부르기도 한다. 파리 지하철 11호선 랑부토Rambuteau 역 인근에 있다.

위치: Place Georges-Pompidou, 75004 Paris, France | https://www.centrepompidou.fr/

제27장

아메데오 모딜리아니 & 잔 에뷔테른

Amedeo Modigliani, 1884~1920 | Jeanne Hébuterne, 1898~1920

죽고 나서야
1900억 원에 팔린 그림,
인생이란 참….

Amedeo Modigliani & Jeanne Hébuterne

눈동자를 그리지 못한 초상화가

윈쪽으로 살짝 기울인 길쭉한 얼굴, 애수 어린 표정, 가늘고 긴 목, 아몬드 모양에 눈동자 없는 공허한 눈, 둥글게 늘어진 어깨가 인상적이다. 붉은색과 짙은 청색, 그리고 톤다운된 노란색이 절묘하게 어우러져 있다.

전반적으로 따뜻한 분위기에 살짝 기울인 자세가 다소곳하게 느껴지는 이 그림은 아메데오 모딜리아니가 그린 〈잔 에뷔테른, 배경에 문이 있는

아메데오 모딜리아니, 〈잔 에뷔테른, 배경에 문이 있는 풍경〉, 1919, 캔버스에 유채
ⓒ 개인소장

풍경Jeanne Hébuterne in front of a door〉이다. 치마 아래 배가 불러있는 이 그림은 잔이 둘째아이를 가졌을 때의 모습이다.

어떤 그림은 눈의 높낮이가 다르고, 또 어떤 그림은 한쪽 눈에만 동공이 있기도 하고, 두 눈이 다 동공이 없기도 하다. 눈동자를 그리지 않는 모딜리아니를 두고 '그가 모델의 눈을 제대로 보지 못하는 소심한 사람'이라고 말하는 심리 분석가들이 있다. 그렇기보다는 인간이라면 누구나 감당해야 하는 삶의 무게나 외로움을 그때그때 그가 느끼는 대로 표현한 것은 아닐까? 그만의 독특하고 다양한 방식으로.

저주받은 사람

모딜리아니는 1884년 이탈리아 북부의 리보르노Livorno에서 유대계 가문의 네 자녀 중 막내로 태어났다. 어린 시절부터 병약해 늑막염, 폐결핵 등 각종 질병에 시달렸던 그는 일찍이 학업을 그만두고 그림을 그렸다. 1898년 이탈리아의 풍경화가 굴리엘모 미켈리Guglielmo Micheli에게, 1902년 피렌체Firenze의 미술아카데미에서 조반니 파토리Giovanni Fattori에게 배웠고, 다음 해 베네치아Venezia로 가서 1905년까지 공부했다.

1906년, 스물두 살인 그는 드디어 예술가들의 성지인 파리에 합류했다. 그는 '모디Modi'라는 애칭으로 불렸는데 이 말은 발음상 프랑스어로 '저주받은 사람maudit'이라는 의미와 같다. 마치 그의 운명처럼. 서양미술사상 가장 잘생긴 화가로 손꼽히는 그가 사랑과 자유의 상징인 몽마르트르에 둥지를 틀었으니 스캔들이 생기는 건 당연지사. 많은 여자들의 사랑과 관심이 그에게 쏟아졌다.

콜라로시 아카데미Académie Colarossi에서 인체소묘와 유화를 공부하며 당시 입체파를 이끌던 피카소 등 여러 예술가와 친분을 나눴다. 폴 세잔의 그림에 충격을 받고는 화풍에 변화가 찾아오기도 한다.

아방가르드한 작품들이 대세인 세상에서 그는 사람들의 관심에서 멀어진 초상화를 주로 그렸다. 그는 사람을 좋아했다. 주변 사람들에 대한 탐구를 바탕으로 내밀한 정서까지 표현하고자 했다. 그런 열정이 매번 초상화 앞에서 붓을 잡게 했다. 이 무렵까지 그가 그린 그림들의 인체비례는 정상적이다. 그림은 팔리지 않았고 가난은 그를 또 한 번 변화시킨다.

조각에서 자신만의 화풍을 찾다

1909년 그는 파리 몽파르나스Montparnasse로 거처를 옮기고 조각가 콘스탄틴 브랑쿠시Constantin Brancusi와 교류하며 조각에 매료된다. 특히 고대 에투르스크 조각과 아프리카 원시조각에 심취해 특유의 길쭉한 석조 두상을 만들었다. 5년 동안 30여 점에 이르는 작품을 완성했다. 그러나 비싼 재료비를 감당하기 어려웠고, 작업 중에 발생하는 먼지가 결핵으로 손상된 폐를 더욱 악화시켜 결국 조각을 그만둔다.

조각은 멈췄지만 그는 회화에서 새로운 길을 찾았다. 조각에서 모티브를 가져온 가늘고 긴 얼굴, 기다란 목, 둥글게 내려오는 우아한 어깨선. 헛된 시간은 없다더니 그 과정을 통해 그는 자신만의 화풍을 찾았다.

그의 예술은 개인적인 감정을 표현한 결과물이다. 작업할 땐 마치 신들린 사람 같았고, 한번 시작하면 멈추지 않고 데생을 계속했는데, 이미 그린 것을 수정하는 법이 없고 한순간도 생각하느라 멈추는 법도 없었다. 곁에서 보기에 완전히 본능적인 확신과 넘치는 감수성으로 작업하는 것 같았다. 아마도 그의 이탈리아적인 기질과 르네상스 미술에 대한 애착이 그런 식으로 나타나는 것 같았다. – 조각가 자크 립시츠

눈동자를 그리지 않은 이유

1917년 몽파르나스 카페에서 33세의 모딜리아니는 러시아 조각가 차나 오를로프Chana Orloff의 소개로 화가 지망생 19세 잔 에뷔테른을 만났다. 잔은 열세 살에 그린 그림이 한 소설(《기아와 비탄의 날들》)에 삽화로 쓰일 만큼 그림 실력이 좋았고, 이후 디자인 공부를 하며 옷과 장신구를 직접 만들어 착용할 정도로 예술적 감각도 뛰어났다.

잔은 중산층 집안의 딸로 부족함 없이 자랐다. 그런 그녀의 가족이 술과 마약에 찌들어 방탕한 생활을 하는 가난한 화가와 교제를 허락할 리 없었다. 가족의 반대에도 둘은 동거에 들어간다. 그의 작업실은 신혼집이 되었다. 둘은 서로의 모습을 그리며 사랑을 나누고 예술적 유대감을

공유한다.

잔이 그린 모딜리아니 초상화를 보자. 도상학적으로 턱을 괴는 자세는 멜랑콜리를 의미한다. 단정한 옷차림, 잘생긴 얼굴, 우울한 사색에 빠진 모딜리아니. 그녀의 눈에 비친 그의 모습이다. 모딜리아니도 잔의 초상화를 그렸다. 눈동자가 왜 없는지 묻는 잔의 질문에 "당신의 영혼을 다 알고 난 후에 눈동자를 그리겠소"라고 답했다는 모딜리아니는 아마도 이 그림을 그릴 때는 그녀의 영혼을 보았나 보다.

하지만 이후의 작품에 다시 눈동자가 없다. 한 사람이 다른 한 사람을 온전히 안다는 건 불가능한 일이다. 그녀를 알 것 같은 날도, 전혀 알 수 없는 날도 있었을 테니. 그는 보이면 보이는 대로, 보이지 않으면 보이지 않는 대로 표현했다. 놀라운 건 눈동자 없는 눈에서 그 영혼의 깊이가 더 느껴진다는 점이다.

잔 에뷔테른, 〈모딜리아니 초상화〉, 1919, 캔버스에 유채 ⓒ 개인소장

모딜리아니, 〈잔 에뷔테른 초상화〉, 1920년경, 캔버스에 유채 ⓒ 개인소장

땔감을 살 돈조차 없었지만 서로의 온기를 나누며 둘은 행복한 시간을 보낸다. 1917년 모딜리아니는 생애 첫 1인 전시를 여는데, 그가 그린 누드화 몇 점이 미풍양속을 해친다는 이유로 철거 명령을 받게 돼 전시는 서둘러 문을 닫고 만다. 허무하게도 그의 첫 전시는 마지막 전시가 되어버렸다.

시간이 흘러 2015년, 외설이라는 이름으로 외면받았던 그의 작품 중 하나가 미국 뉴욕 크리스티 경매에서 1억 7040만 달러(1923억 원)에 낙찰되었다. 2015년 판매 당시 세계 미술품 경매 사상 역대 2위에 해당한다. 〈오른쪽 어깨 너머를 보는 누드Nude Looking Over Her Right Shoulder〉는 2018년 5월 소더비 경매에 올라 1억 5700만 달러(1766억 원)에 낙찰되었다. 가난 때문에 사랑하는 여자와 생이별을 하고 쓸쓸히 죽어야 했던 그를 떠올리면 인생이란 참…….

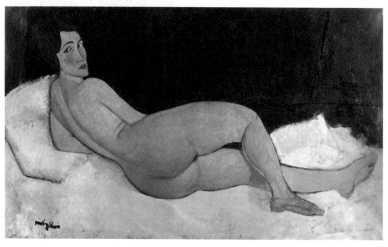

모딜리아니, 〈오른쪽 어깨 너머를 보는 누드〉, 1917년경, 캔버스에 유채 ⓒ Wikigallery

천국에서도 그의 모델이 되기 위해

전시가 망하면서 그는 크게 휘청거렸다. 그런 그를 간신히 지탱해준 것은 잔이었다. 그다음 해에 둘 사이에서 딸이 태어났다. 건강이 나빠진 그를 위해 따뜻한 프랑스 남부 니스Nice로 거처를 옮긴다. 이곳에서 그는 그녀와 동네 아이들의 초상화를 그렸고, 거장이 된 르누아르(Auguste Renoir, 당시 니스에 거주함)의 초대로 그의 집을 방문하기도 했다. 서로 예술적 취향이 다른 관계로 분위기는 서먹했으나 가난한 그를 위해 르누아르가 경제적 지원을 했다.

둘째아이를 임신한 채로 둘은 다시 파리로 돌아온다. 너무나 가난해서 빵 한 조각 마음대로 먹을 수 없었던 잔은 어린아이를 데리고 고통의 겨울을 견딜 수 없어 결국 친정집으로 들어간다. 친정에서는 딸을 받아주었지만 사위는 받아주지 않았다. 아내와 딸에 대한 그리움으로 굳게 닫힌 잔의 집 앞에서 속수무책 기다린 날들이 지나갔다. 그리움과 무력감에 그는 점점 무너졌다.

1920년 1월 24일, 모딜리아니는 잔에게 "천국에서도 나의 모델이 되어 달라"는 유언을 마지막으로 눈을 감는다. 그의 나이 36세였다. 그의 동료들이, 가족들이 그의 장례를 치르느라 정신이 없을 때 잔은 그곳에 없었다. 다음 날 새벽, 그녀는 만삭의 몸으로 자신의 6층 방 창문을 열고 아래로 투신한다. 스물두 살의 젊은 영혼은 배 속의 아이와 함께 그렇게 사라졌다.

〈자살La Suicida〉은 잔이 죽기 직전 그린 그녀의 마지막 작품이다. 그녀

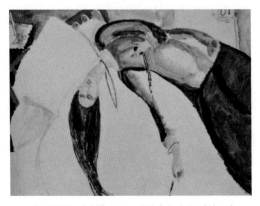
잔 에뷔테른, 〈자살〉, 1920, 종이에 수채 ⓒ 개인소장

는 그가 그리 오래 버티지 못할 것을 예감했나 보다. 모딜리아니의 죽음을 감당하기 어려운 그녀는 자신의 자살을 예고하는 그림을 그렸다. 가슴이 먹먹하다. 그녀의 이런 행동을 감히 비난하지도, 완벽히 이해하지도 못하겠다.

둘의 장례식은 각각 다른 곳에서 치러졌고, 서로 다른 곳에 묻혔다. 10년이 흐른 뒤 모딜리아니 가족과 지인들의 간청에 그녀 가족도 마음을 풀고 그녀를 그의 곁으로 데려온다. 파리의 페르 라 셰즈 묘지 Cimetière du Père-Lachaise. 그 묘비에는 이렇게 쓰여 있다.

아메데오 모딜리아니. 화가. 1884년 7월 12일 이탈리아 리보르노에서 출생, 1920년 1월 24일 파리에서 사망. 막 영광을 움켜쥐려는 순간에 죽음이 그를 데려가다.

잔 에뷔테른. 1898년 4월 6일 파리에서 출생. 1920년 1월 25일 파리에서 사망. 목숨까지 바친 헌신적인 동반자.

딸 지오바나는 모딜리아니의 누나가 키웠다. 누나는 화가로 불행히 살다간 동생의 인생을 지오바나에게 알리지 않았다. 자신의 부모를 알지 못하고 자란 그녀는 나중에 부모에 대해 알게 되고 미술사가가 된다. 그리고 아버지에 대한 자료를 모아 《모딜리아니, 인간과 신화Modigliani: Man and Myth》(1959)를 펴낸다.

 :: 미국, 메트로폴리탄 미술관

메트로폴리탄 미술 박물관Metropolitan Museum of Art은 흔히 메트Met라고 부르며, 미국 뉴욕주 뉴욕 맨해튼 어퍼 이스트 사이드Upper East Side에 위치한 미국에서 가장 큰 미술관이다. 200만 점 이상의 작품이 17개 관에 나뉘어 상시 전시되고 있다. 2016년 3월, 어퍼 이스트 사이드 매디슨 애비뉴Madison Avenue에 브리어 박물관Met Breuer museum을 새로 개장해 현대 및 컨템퍼러리 미술품을 확대 전시하고 있다. 모딜리아니의 회화와 드로잉도 50여 점 소장하고 있다.

위치: 1000 5th Ave, New York, NY 10028 USA | http://www.metmuseum.org

참고문헌

제1장 아르테미시아 젠틸레스키
《불멸의 화가 아르테미시아》 알렉상드라 라피에르 지음, 민음사, 2001.

제2장 렘브란트 하르먼손 판 레인
《렘브란트》 스테파노 추피 지음, 마로니에북스, 2008.
《렘브란트: ART CLASSIC-08》 로베르타 다다 외 지음, 예경, 2008.
《시대의 우울》 최영미 지음, 창비, 1999.
〈미술사를 바꾼 100인의 예술가〉 이진숙 강연, 예술의전당.

제3장 요하네스 페르메이르
《예술 역사를 만들다》 전원경 지음, 시공아트, 2016.
《베르메르: 재원 아트북-25》 오광수, 박서보 감수, 재원, 2004.
《플랑드르 화가들》 금경숙 지음, 뮤진트리, 2017.
《유식의 즐거움 4》 윤현주 지음, 휘닉스미디어, 2004.

제5장 베르트 모리조

《인상주의자 연인들》 제프리 마이어스 지음, 마음산책, 2007.

《그림 속 연인들: 첫키스의 황홀에서 이별의 슬픔까지 캔버스에 담긴 사랑》 박정욱 지음, 예담, 2004.

《명화와 수다떨기 2》 꾸예 지음, 다연, 2014.

제6장 폴 세잔

《세잔: 색채로 드러낸 불변의 진실》 마리아 테레사 베네데티 지음, 마로니에북스, 2007.

《세잔: 재원 아트북-43》 편집부 지음, 재원, 2005.

《폴 세잔: Basic Art Series-49》 울리케 베크스 말로르니 지음, 마로니에북스, 2005.

제7장 메리 카사트

《인상주의자 연인들》 제프리 마이어스 지음, 마음산책, 2007.

〈메리 커셋 작품 성향의 변천 연구〉 하진 지음, 1996년 숙명여자대학교 석사 논문

제8장 일리야 예피모비치 레핀

《일리야 레핀: 천 개의 얼굴 천 개의 영혼》 일리야 레핀 지음, 써네스트, 2008.

제9장 빈센트 반 고흐

《고흐》 주디 선드 & 남경태 지음, 한길아트, 2004.

《반 고흐 마지막 3년》 편집부 지음, 책생각, 2012.

《빈센트 반 고흐: 명화로 보는 세계의 미술가-03》 이규희 편, 지경사, 2008.

《반 고흐: ART CLASSIC-02》 페데리카 아르미랄리오 & 줄리오 카를로 아르간 지음, 예경, 2007.

《고흐 37년의 고독》 노무라 아쓰시 지음, 큰결, 2004.

제10장 수잔 발라동

《그림이 된 여인》 허나영 지음, 은행나무, 2016.

《이주헌의 아트카페》 이주헌 지음, 생각의 나무, 2010.

제11장 에드워드 호퍼

《호퍼: 고독한 현대인의 자화상》 실비아 보르게시 지음, 마로니에북스, 2009.

《에드워드 호퍼: 빛을 그린 사실주의 화가》 게일 레빈 지음, 을유문화사, 2012.

제12장 앙리 루소

《앙리 루소: 붓으로 꿈의 세계를 그린 화가》 안젤라 벤첼 지음, 랜덤하우스, 2006.

《앙리 루소-Basic Art Series》 코르넬리아 슈타베노프 지음, 마로니에북스, 2006.

제13장 케테 슈미트 콜비츠

《캐테 콜비츠》 케테 콜비츠 지음, 운디네, 2004.

《캐테 콜비츠와 노신: 열화당미술선서53》 정하은 지음, 열화당, 1995.

제14장 파울라 모더존-베커

《독일 미술가와 걷다》 이현애 지음, 마로니에북스, 2017.

《여성예술가: 클라시커50》 크리스티라 하베클리크, 이라 디아나 마초니 공저, 해냄, 2003.

《우리의 이름을 기억하라》 브리짓 퀸, 리사 콩던 공저, 아트북스, 2017.

《롤리타는 없다 1, 2》 이진숙 지음, 민음사, 2016.

제15장 파블로 루이즈 피카소

《파블로 피카소》 인고 발터 지음, 마로니에북스, 2005.

《피카소: 무한한 창조의 샘-위대한 예술가의 생애05》 프란체스코 갈루치 지음, 마로니에북스, 2007.

《창조자 피카소 1, 2》 피에르 덱스 지음, 한길아트, 2005.

제16장 에곤 실레

《에곤 실레: 재원 아트북-08》 박서보, 오광수 감수, 재원, 2003.

《에곤 실레를 회상하며》 아투어 뢰슬러 지음, 미디어아르떼, 2006.

《에곤 실레: 에로티시즘과 선 그리고 비틀림의 미학》 박덕흠 지음, 재원, 2001.

제17장 르네 마그리트

《르네 마그리트》 마르셀 파케 지음, 마로니에북스, 2018.

《르네 마그리트》 수지 개블릭 지음, 시공아트, 2000.

《플랑드르 화가들》 금경숙 지음, 뮤진트리, 2017.

제18장 마르크 샤갈

《마르크 샤갈》 인고 발터, 라이너 메츠거 지음, 마로니에북스, 2005.

《샤갈》 모니카 봄 두첸 지음, 한길아트, 2003.

〈샤갈, 러브 앤 라이프 전시도록〉 예술의전당 한가람 미술관, 2018. 6. 5~9.26

제19장 마리 로랑생

《예술가의 지도》 김미라 지음, 서해문집, 2014.

〈마리 로랑생 전시도록〉 예술의전당 한가람 미술관, 2017. 12. 9~2018. 3. 11.

《나를 사로잡은 그녀, 그녀들》 함정임 지음, 이마고, 2004.

제20장 나혜석

《나혜석, 글쓰는 여자의 탄생》 장영은 편, 민음사, 2018.

《조선여성 첫 세계 일주기》 나혜석 지음, 가갸날, 2018.

《영원한 신여성 나혜석 작품집》 나혜석 지음, 에세이(ESSAY), 2017.

《근대인의 삶과 꿈》 호암미술관 지음, 2016.

제21장 프리다 칼로

《프리다 칼로》 안드레아 케텐만 지음, 마로니에북스, 2005.

《프리다 칼로: 재원 아트북-10》 박서보 & 오광수 지음, 재원, 2003.

《프리다 칼로》 헤이든 헤레라 지음, 민음사, 2003.

〈프리다 칼로 & 디에고 리베라 전시도록〉 예술의전당 한가람디자인미술관, 2016. 5. 28~8. 28.

제22장 존 싱어 사전트

《The Ten-미국 인상주의 거장들 1, 2권》 조영규 지음, 아트월드, 2014.

제23장 앙리 드 툴루즈 로트레크

《로트렉, 몽마르트르의 빨간 풍차》 앙리 페뤼쇼 지음, 다빈치, 2009.

《로트레크: 몽마르트르의 밤을 사랑한 화가》 엔리카 크리스피노 지음, 마로니에북스, 2009.

〈서양미술 기행〉 EBS 다큐멘터리, 2013. 9. 8.~2013. 10. 13.

제24장 카미유 클로델

《카미유 클로델: 거침없는 호흡으로 삶과 예술을 이야기한 카미유의 육필 편지》 카미유 클로델 지음, 마음산책, 2010.

《프리다 칼로와 나혜석 그리고 까미유 끌로델》 정금희 지음, 재원, 2003.

제25장 오스카 코코슈카

《나는 누구인가》 전준엽 지음, 지식의 숲, 2011.

《예술가의 지도: 예술가의 초상, 그리고 그들의 네트워크》 김미라 지음, 서해문집, 2014.

제26장 타마라 드 렘피카

〈타마라 드 렘피카 전시도록〉 예술의전당 한가람 미술관, 2016. 12. 10.~2017. 3. 5.

〈타마라 드 렘피카의 1920~1930년대 초상화 연구〉 이지혜 지음, 석사 논문, 2010.